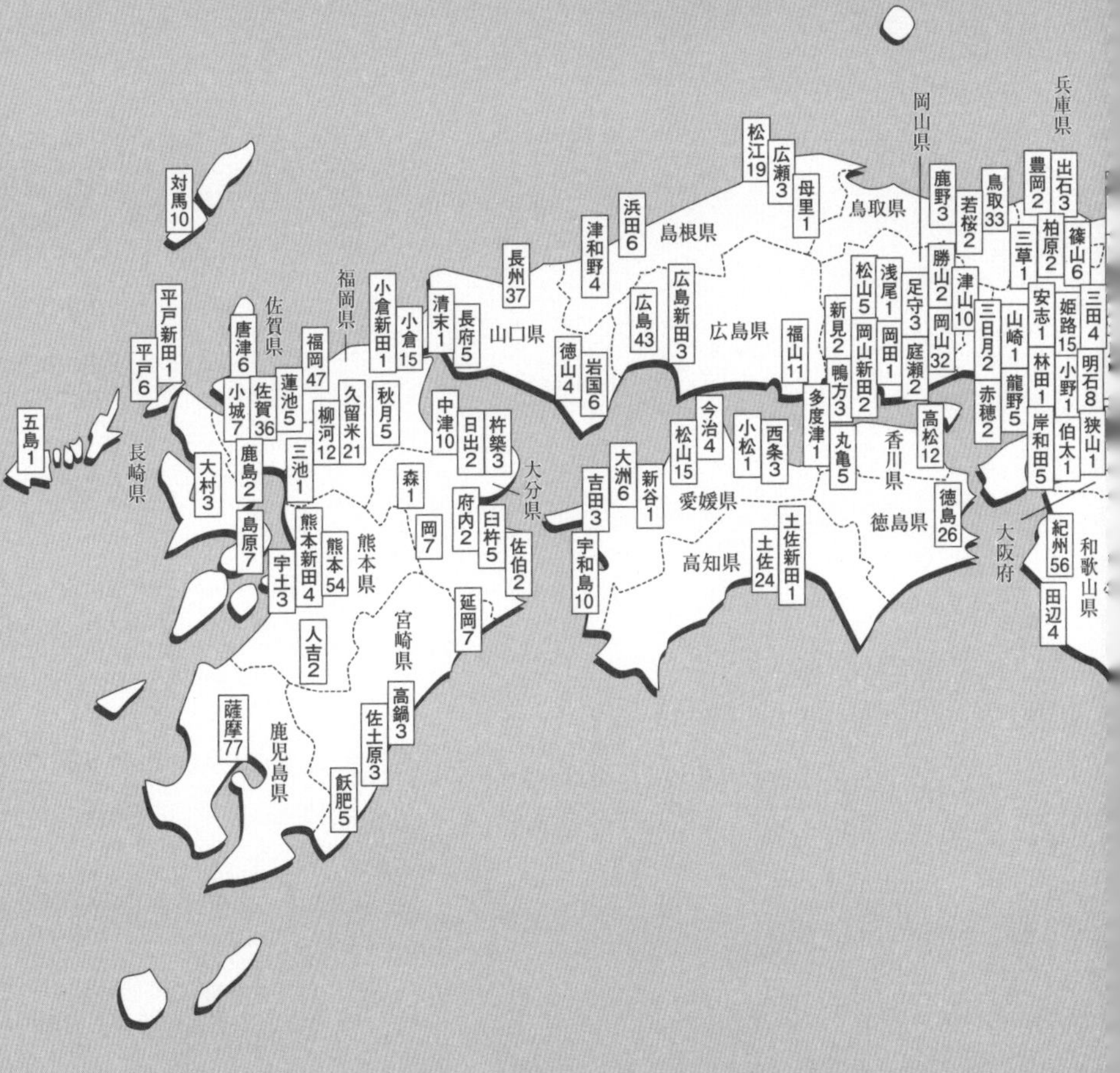
兵庫県
岡山県
松江19
広瀬3
母里1
鳥取県
鹿野3
若桜2
鳥取33
豊岡2
出石3
浜田6
島根県
津和野4
長州37
柏原2
篠山6
三草1
広島新田3
広島43
広島県
松山5
浅尾1
足守3
勝山2
津山10
三日月2
安志1
姫路15
三田4
対馬10
佐賀県
福岡県
小倉新田1
小倉15
清末1
長府5
山口県
徳山4
岩国6
福山11
新見2
岡山新田2
岡田1
庭瀬2
岡山32
山崎1
林田1
小野1
明石8
平戸新田1
平戸6
唐津6
福岡47
蓮池5
小城7
佐賀36
久留米21
柳河12
秋月5
中津10
日出2
杵築3
鴨方3
多度津1
今治4
小松1
西条3
丸亀5
香川県
高松12
赤穂2
龍野5
岸和田5
伯太1
狭山1
五島1
長崎県
大村3
鹿島2
三池1
森1
大分県
松山15
大洲6
新谷1
吉田3
愛媛県
徳島26
徳島県
紀州56
和歌山県
大阪府
島原7
熊本新田4
熊本54
熊本県
岡7
府内2
臼杵5
佐伯2
宇和島10
土佐新田1
土佐24
高知県
田辺4
宇土3
人吉2
延岡7
宮崎県
薩摩77
鹿児島県
高鍋3
佐土原3
飫肥5

シリーズ藩物語

岡藩

村上貞徳……著

現代書館

プロローグ

岡藩物語

文禄三年（一五九四）二月十三日、岡城入城を果たした初代岡藩主中川秀成《なかがわひでしげ》は、数名の家臣と共に岡城の頂、天神山《てんじんやま》に立った。眼下には稲葉川《いなばがわ》と白滝川《しらたきがわ》が白濁した流線を描いて悠然と流れている。東には九州の最高峰久住《くじゅう》・大船《たいせん》・黒嶽《くろたけ》三連山、南には祖母《そぼ》・傾《かたむき》山、そして西には、遥かかなたに阿蘇山《あそさん》が霞んでいる。

「見渡す限りが、わが領地・岡である」――秀成は、自分に言い聞かせるように同行の家臣に告げた。

畿内の摂津《せっつ》三守護の一つ池田氏の家臣から身を起こし、天下人《びと》・織田信長《おだのぶなが》、豊臣秀吉《とよとみひでよし》に仕え、常に時代の尖兵《せんぺい》として、父中川清秀《なかがわきよひで》、兄秀政《ひでまさ》と共に戦ってきた日々が嘘のように、天神山からの眺望は伸びやかでたおやかであった。

秀成は「ここから始める！」と家臣らに告げた。「始める」とは秀成が心秘かに新天地・岡に抱いていた〝理想郷づくり〟であった。

岡城址の天神山に佇《たたず》むと、そうした秀成の風景が浮かんでくる。

やがて徳川家康の時代に入り、中川氏は、十二代にわたって岡藩

藩という公国

江戸時代、日本には千に近い独立公国があった

江戸時代。徳川将軍家の下に、全国に三百諸侯《しょこう》★の大名家があった。ほかに寺領や社領、知行所《ちぎょうしょ》★をもつ旗本領《はたもとりょう》などを加えると数え切れないほどの独立公国があった。そのうち諸侯を何々家家中《けちゅう》と称していた。家中は主君を中心に家臣が忠誠を誓い、強い連帯感で結びついていた。家臣の下には足軽《あしがる》層《そう》★がおり、全体の軍事力の維持と領民の統制をしていたのである。その家中を藩と後世の史家は呼んだ。

江戸時代に何々藩と公称することはまれで、明治以降の使用が多い。それは近代からみた江戸時代の大名の領域や支配機構を総称する歴史用語として使われた。その独立公国たる藩にはそれぞれ個性的な藩風《はんぷう》と自立した政治・経済・文化があった。幕藩体制とは歴史学者伊東多三郎《いとうたさぶろう》★氏の視点だが、まさに将軍家の諸侯の統制と各藩の地方分権が巧く組み合わされていた、連邦でもない奇妙な封建的国家体制であった。

今日に生き続ける藩意識

明治維新から百四十年以上経っているのに、今

を治める。改易《かいえき》、移封《いほう》が頻繁に行われた江戸時代にあって、特に小藩分立した豊後国においては、稀なことであった。それは、藩主はもとより家臣たちの並々ならぬ叡智《えいち》結集の歴史でもあった。

物語は、藩祖中川清秀の武勇に始まり、岡移封に至る経緯を追う。そして初代岡藩主となった秀成、二代久盛《ひさもり》、三代久清《ひさきよ》の三代にわたる草創期における築城、城下町づくり、藩法制定など岡藩の基礎づくりへと話は進む。

そして四代久恒《ひさつね》から最後の藩主となる十二代久昭《ひさあき》に至る藩政、すなわち困窮する財政、世継ぎ問題、相次ぐ風水害、飢饉、一揆など困難に立ち向かう藩主、家臣、そして領民たちの姿を描く。

一方、地域を支えた農業、林業、発展する商業、鉱業などに目を向け、そこに生きた人々の息遣いを描くとともに、小京都と称された城下町に花開いた多様な文化、藩校の整備により多くの人材が輩出した教育。その文化・教育の象徴的存在である画聖田能村竹田《たのむらちくでん》を中心にその発展ぶりを紹介する。

二百七十年にわたって展開された〝岡・中川〟の生き様、足跡は、息遣いとなって、今日の竹田の町の各所に漂っている。その息遣いを訪ねて、〝シリーズ藩物語・岡藩〟を始めることにしよう。

でも日本人に藩意識があるのはなぜだろうか。明治四年（一八七一）七月、明治新政府は廃藩置県《はいはんちけん》★を断行した。県を置いて、支配機構を変革し、今までの藩意識を改めようとしたのである。ところが、今でも、「あの人は薩摩藩の出身だ」とか、「我らは会津藩の出身だ」と言う。それは侍出身だけでなく、藩領出身も指しており、藩意識が県民意識をうわまわっているところさえある。むしろ、今でも藩対抗の意識が地方の歴史文化を動かしている。そう考えると、江戸時代に育まれた藩民意識が現代人にどのような影響を与え続けているのかを考える必要があるだろう。それは地方に住む人々の運命共同体としての藩の理性が今でも生きている証拠ではないかと思う。

藩の理性は、藩風とか、藩是《はんぜ》とか、ひいては藩主の家風ともいうべき家訓などで表されていた。

〔稲川明雄（本シリーズ『長岡藩』筆者）〕

諸侯▼江戸時代の大名。
知行所▼江戸時代の旗本が知行として与えられた土地。
足軽層▼足軽・中間・小者など。
伊東多三郎▼近世藩政史研究家。東京大学史料編纂所所長を務めた。
廃藩置県▼藩体制を解体する明治政府の政治改革。廃藩により全国は三府三〇二県となった。同年末には統廃合により三府七二県となった。

シリーズ藩物語 岡藩——目次

これも岡

稲葉川

岡城跡入口（竹田市提供）

竹田市街（竹田市提供）

塩屋土蔵

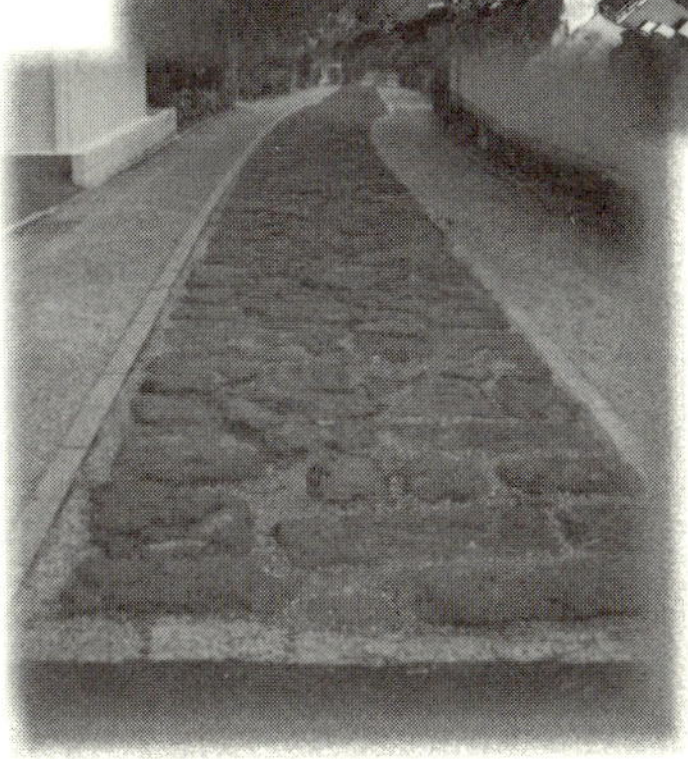

今市の石畳（大分市役所提供）

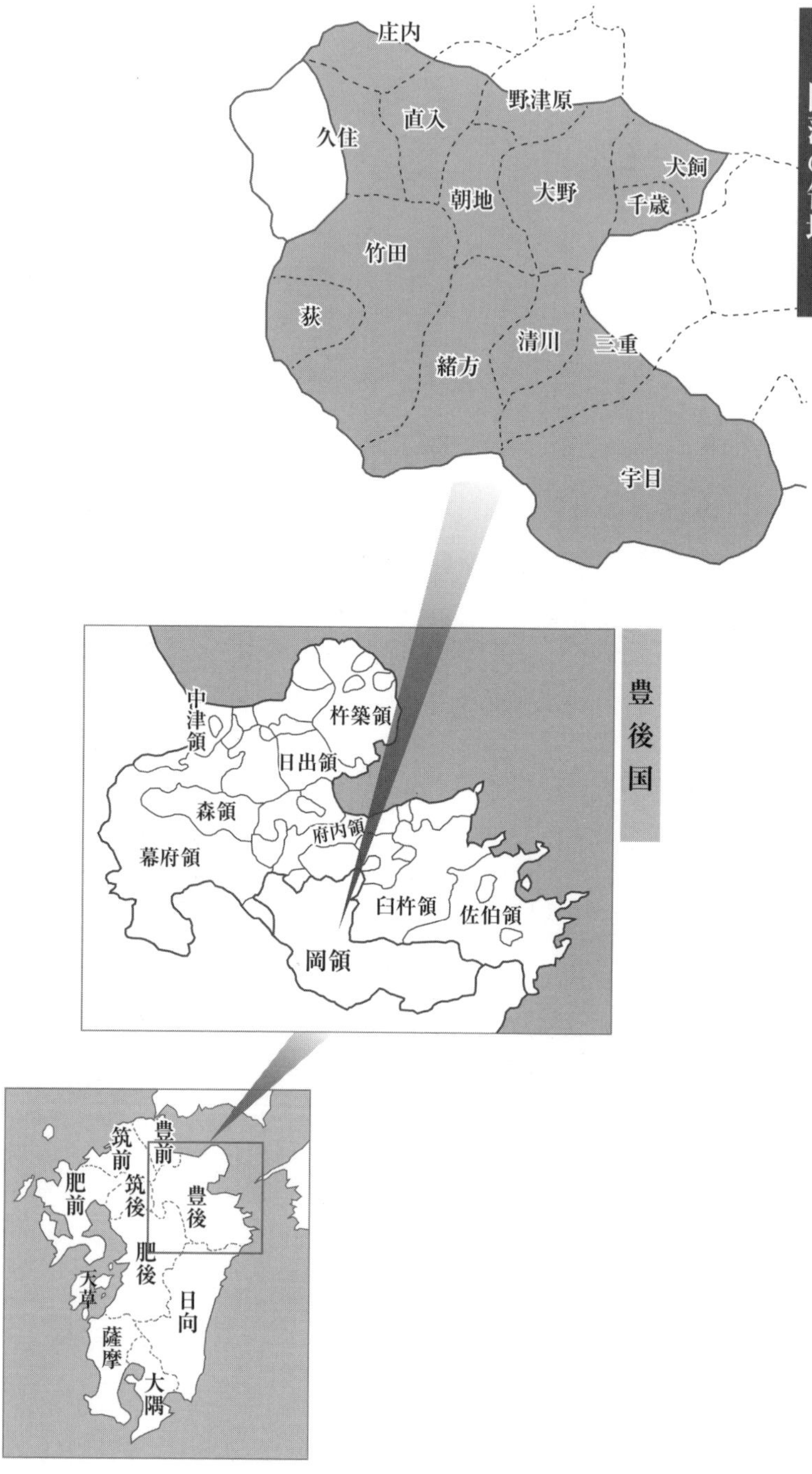
庄内
野津原
直入
久住
犬飼
朝地
大野
千歳
竹田
荻
清川
三重
緒方
宇目
豊後国
中津領
杵築領
日出領
森領
府内領
幕府領
臼杵領
佐伯領
岡領
豊前
筑前
肥前
筑後
豊後
肥後
天草
日向
薩摩
大隅

岡藩の領域

第一章 中川氏と不落の名城岡城

戦国期を伸し上がった中川氏は、熟慮の末、豊後・岡の地を選択。

◆1 岡藩太祖・清秀の登場

岡・中川氏の祖・中川清秀は、畿内摂津三守護の一角を占める池田氏の家臣から身を起こし、やがて茨木城主に取り立てられるという、戦国大名を絵に描いたような出世を成し遂げる。清秀の目には、織田信長の存在が救世主に映ったため、その信頼に応えたという一面もあった。

華々しい登場をする中川氏

物語の舞台、豊後岡藩《ぶんごおかはん》★をやがて治めることになる、中川氏の由緒をたどると、清和《せいわ》天皇（八五八〜八七六）に始まる清和源氏《せいわげんじ》の諸流である多田源氏《ただげんじ》の出で、常陸《ひたち》国《こく》★に居住していた。

十六代清深《きよふか》の時代、建武年間（一三三四〜三八）に摂津国《せっつこく》★豊島《としま》郡中川《なかがわ》村（現・生野区小路辺り）に本拠を置いたことから初めて中川姓を名乗った。清深の後、二十三代清村《きよむら》まで引き継がれるが、その後、江戸時代の寛政《かんせい》十一年（一七九九）に編集された『寛政重修諸家譜《かんせいちょうしゅうしょかふ》』には、「摂津国多田源氏、左衛門尉清村《きよむら》が末葉なり」と記され、続けて「〇某—重清《しげきよ》—清秀《きよひで》」と記されている。

戦国時代の表舞台に華々しく登場するのは、この清秀からである。

▼豊後岡藩
江戸期、中川氏が治めた地域。大分県竹田市および豊後大野市の一部。

▼常陸国
茨城県の大部分。

▼摂津国
現在の大阪府の一部にまたがる地域。五畿の一つ。

所は、摂津国池田城。池田城は、摂津国池田（現・大阪府池田市城山町）にある畿内でも最大規模を誇る平山城である。東西に伸びる尾根、西の断崖を背景とした自然防塞の地の利を生かし、北には杉ヶ谷川を取り入れ、東南には大規模な堀をめぐらした堅城である。この堀を越えて大手門へと続く太鼓橋の中央に一人の若武者が立っている。

池田勝正《いけだかつまさ》の家臣・中川清秀である。大きく剃り上げた額から後部に盛り上がった頭部は、豊かな発想、創造力を表しているかのようである。鋭い眼光ときりりと締まった眉毛からは、強い決断力と時代の本質を見透かす力が伝わってくる。そしてするりと伸びた鼻と小さく締まった唇は、血統の良さか、気品と豊かな情感を感じさせる佇まいである。そして五体から発せられる剃刀のような鋭敏さと勇猛果敢さは、長年戦いの日々を強いられてきたせいであろう。

清秀は、天文十一年（一五四二）、中川重清の長男として誕生した。幼名・虎之助、通称・瀬兵衛《せべえ》。中川家は、のちの摂津三守護、すなわち、池田氏、和田氏、伊丹氏の一角を占める池田氏に仕えていた。当然ながら清秀も父重清の後継として池田家に忠誠を尽くしていた。

永禄十一年（一五六八）九月、池田城登城途中の清秀は、京のある北の空を見た。京の空は、雲の流れは急で大きくうねっていた。清秀はただならぬ気配に身震いした。

中川清秀（個人蔵）

中川氏甲冑（竹田市立歴史資料館蔵／寄託品）

この日、織田信長《おだのぶなが》が、室町幕府将軍足利義昭《あしかがよしあき》を奉じて京都入りし、天下統一の号令を発したのである。これによって応仁《おうにん》元年（一四六七）の〝応仁の乱〟に端を発する百余年に及んだ戦国乱世が、一挙に収束、天下統一へと加速し始めた。時に清秀二十七歳、青年期から壮年期へ向かう最も充実した年齢を迎えていた。

意気揚々《ようよう》と京都入りを果たした信長であったが、これをよしとしない毛利《もうり》氏、浅井《あざい》氏、朝倉《あさくら》氏や石山本願寺《いしやまほんがんじ》などの抵抗勢力と激しい戦いを強いられた。

清秀が仕える池田勝正も、信長の京都入り後、畿内制覇を狙う信長をよしとせず、敢然と抵抗した。しかし永禄十一年、戦いの末、敗北、落城の憂き目に遭ってしまう。信長は、抵抗した勝正の武勇を評価したのか、勝正に六万石を与え家臣とした。その後、勝正は信長に仕え、〝金ヶ崎の戦い〟などで奮戦した。しかし、池田氏一族の池田知正、荒木村重らが、信長の抵抗勢力である三好三人衆に寝返り、いわゆるクーデターを起こし勝正を追放してしまう。

村重は、クーデター後の混乱状態にあった池田城内をまとめ、次第に主導権を得ていくが、この時より清秀は、村重と歩みを共にすることになる。

向背常ならぬ当時、清秀は、信長に意を通ずることになった村重の下で、将軍足利義昭討伐、伊丹城《いたみじょう》攻略などに参戦し、次々に功績を上げていった。特に元《げん》亀《き》二年（一五七一）八月の〝白井河原《しらいがわら》の戦い〟で、摂津三守護の一人和田惟政《これまさ》を討ち取るという功績を上げ、茨木城《いばらきじょう》（現・大阪府茨木市）六万石に取り立てら

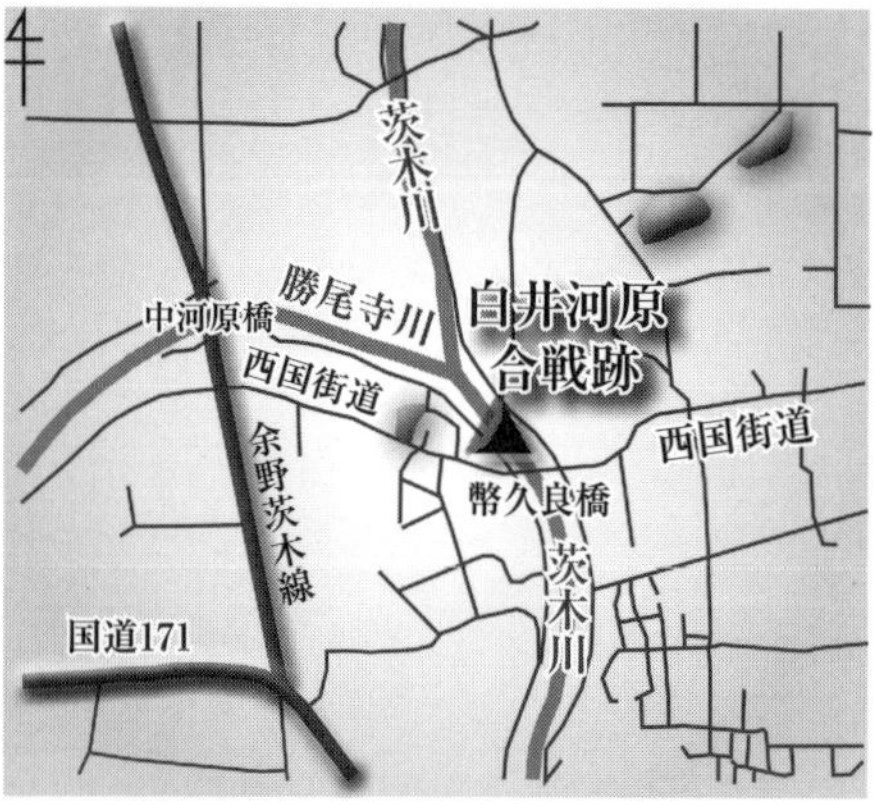

〝白井河原の戦い〟位置図

れた。清秀三十一歳の時である。

〝白井河原の戦い〟は、村重と清秀の連合軍約二五〇〇騎と和田惟政と茨木重《しげ》朝《とも》の連合軍五〇〇騎が、白井河原を挟んで、対峙する戦いだった。村重は、「和田氏の首を取った者には、五〇〇貫★の褒美《ほうび》を取らす」との立て札を立てた。この立て札を「貰《もら》った！」と引き抜いたのが、清秀だった。清秀は、惟政が戦いを前にして性格上、自らが淀川《よどがわ》の水深を測りに来ると推察し、川辺の柳の陰に身を潜めた。案の定惟政が姿を現し、見事に討ち取ったという。また茨木重朝も村重に討ち取られ、主を失った和田・茨木軍は玉砕した。

中川家家紋の由来

討ち取られた惟政は、キリシタン信者で〝バテ十字紋〟を前立《まえだ》て★として使っていた。これを同じくキリシタン信者だった清秀が中川家の家紋としたのである。

清秀が、同じキリシタン信者でありながら、戦国の世では敵味方に分かれて戦わざるを得ず、滅びた和田氏を哀れんで家紋としたのか、同じ信仰に生きる者として、その生き様を引き継ごうとしたのか、それとも単なる武功の紋として用いるようになったのかは、定かではない。

いずれにしろ、以後、この家紋は、〝中川久留子《クルス》〟と呼ばれ、清和源氏頼光流

▼貫
尺貫法の単位。一貫は千匁、約三・七五キログラム。

▼前立て
兜の鉢の前面に付ける立物で、各武将はその意匠・形状に凝った。

中川柏

中川久留子

を表す抱き柏紋《かしわもん》の〝中川柏《なかがわかしわ》〟とともに家紋として使われるようになった。

信長からの懐柔策

五畿内、すなわち大和《やまと》、山城《やましろ》、河内《かわち》、和泉《いずみ》、摂津の五カ国の多くの大名が、キリシタンに改宗するのは、永禄《えいろく》六年（一五六三）前後といわれ、清秀が仕えた池田氏もこの時期に改宗している。そのことから清秀の改宗もこの頃ではないかと思われる。清秀の長男秀政《ひでまさ》が、天正十三年（一五八五）に黒田官兵衛《くろだかんべえ》や蒲生氏郷《がもううじさと》らと大坂の教会で洗礼を受けたとの記録があり、この頃には、親子共にキリシタンであったことは明らかである。

ところで、京都入りした信長がキリシタンと初めて出会ったのは、永禄十二年、宣教師フロイス★によってである。その後、信長の庇護《ひご》もあって、キリシタン大名は増加していく。その畿内での代表格が、中川氏と姻戚《いんせき》関係にある高山氏であった。

キリシタンとなった清秀は、ポルトガルをはじめ西洋の列国が国を統一し、国力を東洋進出に向けている現況を知るにつけ、畿内での収束の見えない戦いに明け暮れる日々を疎《うと》ましく思うようになっていた。そしてその思いは、いつか天下統一を果たし国に安寧をもたらす、キリシタンでいう救世主の登場を待ちわびる

▼**ルイス・フロイス**
ポルトガルのイエズス会士。布教史『日本史』を執筆。一五三二〜一五九七。

ルイス・フロイス
（1997年、ポルトガルで発行された切手）

思いへとつながっていった。「できれば、その救世主に仕え、戦いの尖兵となりたい」という思いを強くしていったのである。

さて、〝白井河原の戦い〟の後、村重は摂津三国を手中に収め、元亀四年（一五七三）、京都の知恩院で信長に対面し、忠誠を誓った。信長は村重を、統一なった摂津国の守護として認めた。

村重と共に信長に拝謁したであろう清秀は、信長を見るなり、自分が求めていた救世主は、信長ではないかと直感した。村重は、清秀や高山右近《たかやまうこん》を配下に、信長の下で石山本願寺攻めや播磨《はりま》、中国討伐などで活躍する。

信長は、天正元年、足利義昭を追放し実質上室町幕府を滅ぼすと、翌二年、伊勢長島《いせながしま》の〝一向一揆《いっこういっき》★〟を鎮圧。同三年、〝長篠《ながしの》の戦い〟で、武田勝頼《たけだかつより》を撃破。同四年には、安土城《あづちじょう》を建築し、居城とするなど着々と政権基盤を固めていった。

しかし、天正六年十月、突如村重は、信長に謀反《むほん》を仕掛けた。謀反の直接的な原因には、清秀が関係している。石山本願寺攻めの最中、清秀の家来の中に包囲中の石山本願寺の内部に食糧を横流しする者がいた。毛利氏から石山本願寺への食糧供給を断《た》って、いわゆる兵糧《ひょうろう》攻めをかけていた信長は、清秀の頭《かしら》である村重が毛利氏と通じているのではないかとの疑惑をもち、村重の真意を確かめるべく使者を送った。

かつてより、目的のためには手段を選ばない信長の手法は、いつか自身に災難

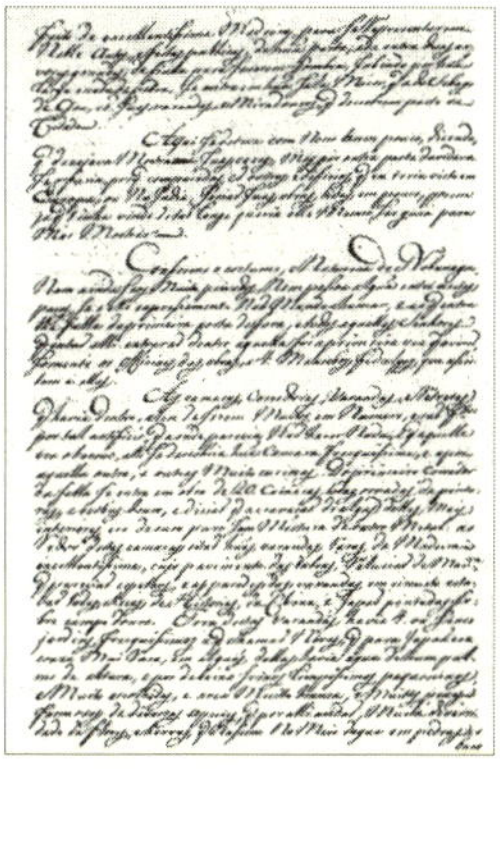

ルイス・フロイス著『日本史』より

▼一向一揆
室町末期、越前、加賀、三河、近畿などで一向宗（浄土真宗）信者が起こした一揆。

を招きかねないと恐れていた村重は、疑惑をかけられた以上は、弁解しても聞き入れる信長ではない、と謀反を決意したのである。

信長は、決してとがめないことを条件に明智光秀《あけちみつひで》らを村重に遣《つか》わして慰留に努めた。こうした行動から、信長にとって、畿内における村重勢力が戦略上いかに重要だったかがうかがわれる。

信長への傾倒

しかし、村重はこれに応じず、逆に石山本願寺、毛利氏に通じ、有岡《ありおか》城籠城《ろうじょう》に及んだ。しかし、頼みとした毛利氏の援軍である毛利水軍は、信長の強力な戦艦軍により殲滅《せんめつ》され、村重は、いよいよ窮地に立たされた。

一方、疑惑を生じさせた張本人とも言うべき清秀は、同じく村重の配下の高山右近らと、熱心な信長からの説得と懐柔策を受け、ついに信長側に付くこととなった。この時清秀の説得に当たったのが、清秀の妹センの夫で信長の家臣古田織《ふるたおり》部《べ》★であった。そして右近には、イエズス会宣教師オルガンティーノが派遣された。

配下の離反が相次ぎ、孤立感を深める村重は、有岡城に籠城し、信長の激しい攻めに耐えたが、戦法は兵糧攻めの持久戦に持ち込まれ、天正七年（一五七九）十二月、ついに有岡城は落城した。一〇〇人にも及ぶ家族や家臣は、ことごとく

▼古田織部
茶道織部流の祖で、千利休の高弟。豊臣秀吉、徳川家康の茶道を指導した。一五四三～一六一五。

見せしめのために処刑されるという悲惨な結果をもたらした。村重自身は、城を脱出し、援軍を求めて毛利氏の下へと落ちていった。

そして、懐柔策を受け入れ信長側に付いた清秀に対して、信長は領地を倍増し、茨木城十二万石の城主とした。そして信長の娘鶴姫《つるひめ》を清秀の息子秀政に嫁がせた。村重と共に反抗したにもかかわらず、説得を受け入れると領地を加増し、娘まで嫁にくれるという、戦国の世にあって考えられないほどの厚遇に、清秀は、感激するとともに、信長の厚い信頼を得たことを実感した。

信長の時代を見る目、既成概念にとらわれない発想、疾風のような行動力、目的達成のためには手段を選ばない政治力——清秀は、信長が救世主であるという思いをいよいよ強くしていく。

②

清秀の討死と秀政の死

茨木十二万石の城主に取り立てられた清秀は、電撃の如く天下統一に進む信長の尖兵となり各地を転戦。ところが信長は、志半ば〝本能寺の変〟で倒れる。その後継となったのが、豊臣秀吉だった。清秀は、信長同様に秀吉に仕えることになる。

本能寺の変、そして山崎の戦い

時代は急変する。天正十年（一五八二）六月二日、天下統一を目前にした織田信長が逗留する本能寺《ほんのうじ》（京都市）を、信長の命により中国に出兵すべき明智光秀軍一万三〇〇〇が急襲したのである。戦いは多勢に無勢、信長は自刃し、四十九歳の波乱に満ちた人生を閉じた。〝本能寺の変〟である。

〝本能寺の変〟の知らせは、各地に伝わった。信長配下の大名たちは、「主君信長の敵討ち」と意気込むものの、柴田勝家《しばたかついえ》は、越中《えっちゅう》（現・富山県）で上杉《うえすぎ》軍と対戦中、滝川一益《たきがわかずます》は、関東で北条《ほうじょう》軍と対戦中、徳川家康《とくがわいえやす》は、堺を少数の家臣と見物中など身動きが取れないのが実情であった。その時、機敏に動いたのが、豊臣秀吉《とよとみひでよし》である。

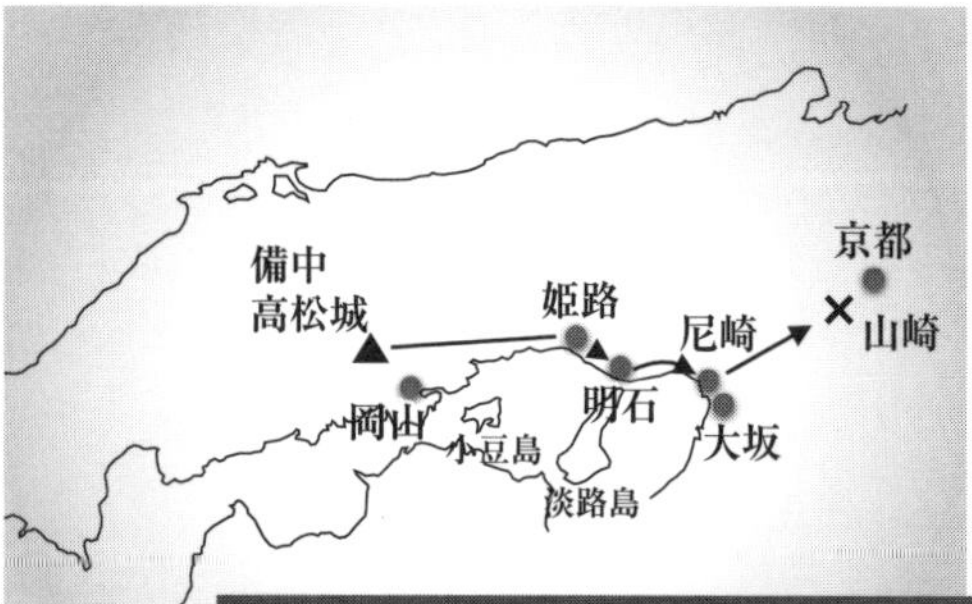

中国大返しから山崎の合戦の位置図

秀吉は、中国遠征中で、備中《びっちゅう》高松城（現・岡山県岡山市高松）を水攻めの最中であった。同十年六月三日、信長暗殺の報を知った秀吉は、直ちに、高松城主・清水宗治《しみずむねはる》の切腹と引き換えに城兵の命を助けて包囲を解くという条件で毛利氏と和睦した。

六月五日、宗治の切腹を見届けると、翌六月六日、陣を引き払って、二万の兵と共に姫路城《ひめじじょう》（現・兵庫県姫路市）に帰陣。九日には、明石《あかし》（現・兵庫県明石市）に向かった。途中秀吉は、中川清秀や高山右近らに対して緊急の光秀討伐の協力を要請した。

清秀の決断は早かった。清秀は、秀吉の要請に即座に応じ、六月十一日に尼崎《あまがさき》（現・兵庫県尼崎市）で、秀吉軍に合流した。

信長は清秀の主君であり、息子秀政の正室の父である。そしてキリシタンの清秀にとって信長は、戦乱の世に安寧をもたらす救世主であった。聖書における救世主イエス・キリストは、側近の弟子ユダの裏切りにより十字架に掛けられた。救世主である信長を死に至らしめたのは、これも側近の明智光秀であった。光秀討伐は、清秀にとっては、聖戦であったに違いない。

また、天正八年、清秀は、秀吉と内誓紙を交わし、兄弟の契りを結んでいた。清秀に迷いはない、誰よりも光秀打倒に燃えていたはずである。

十二日には、摂津富田《せっつとんだ》を本陣として、伊丹城主池田恒興《いけだつねおき》、神戸信孝《かんべのぶたか》、丹羽長秀《にわながひで》らが合流し、十三日には、山崎で総勢四万の光秀討伐軍が、気勢を上げた。この間わずか七日間、いわゆる奇跡の〝中国大《おお》返し〟である。

一方、光秀は、秀吉の動きを知るや、縁戚の大名や配下の武将たちに出兵の要請を行ったが、思惑通りに事は運ばなかった。縁戚の細川藤孝《ふじたか》は、信長の死を知ると剃髪《ていはつ》して弔意を示し、協力を拒否した。頼みの与力大名の大和守護《やまとしゅご》の筒井順慶《じゅんけい》は、大和統一で光秀に恩があるにもかかわらず、居城である大和郡山《こおりやま》城に籠もって動かなかった。そして光秀の指揮下で与力であったはずの高槻城主の高山右近、茨木城主の中川清秀は、前述のように早々に秀吉側に付く意思を明確にしていた。明智軍の戦力は、思うほど集まらず、その数は、一万五〇〇〇程度であったという。

六月十三日、秀吉軍と光秀軍は山城《やましろ》国山崎（現・京都府大山崎町）で激突した。山崎は、天王山《てんのうざん》と淀川に挟まれた狭小な土地である。先陣の高山隊は、山崎の町を占拠して街道を封鎖した。先陣を高山隊に譲った形になった中川隊は、主戦場となる山崎を見下ろせる天王山が戦いの鍵を握ると見て、天王山を占拠した。

秀吉軍の左翼（天王山側）には、羽柴秀長《はしばひでなが》、黒田孝高《よしたか》らが、右翼（淀川側）には池田恒興《つねおき》、加藤光泰《みつやす》、木村隼人《きむらはやと》、中村一氏らが布陣。本隊秀吉は、天王山麓に陣取った。正午過ぎには、神戸（織田）信孝《のぶたか》と丹羽長秀《にわながひで》が合流し、布陣を終えた。

一方、明智軍は、先鋒に斎藤利三《としみつ》、柴田源左衛門《げんざえもん》勝定ら近江《おうみ》衆を、右翼（天

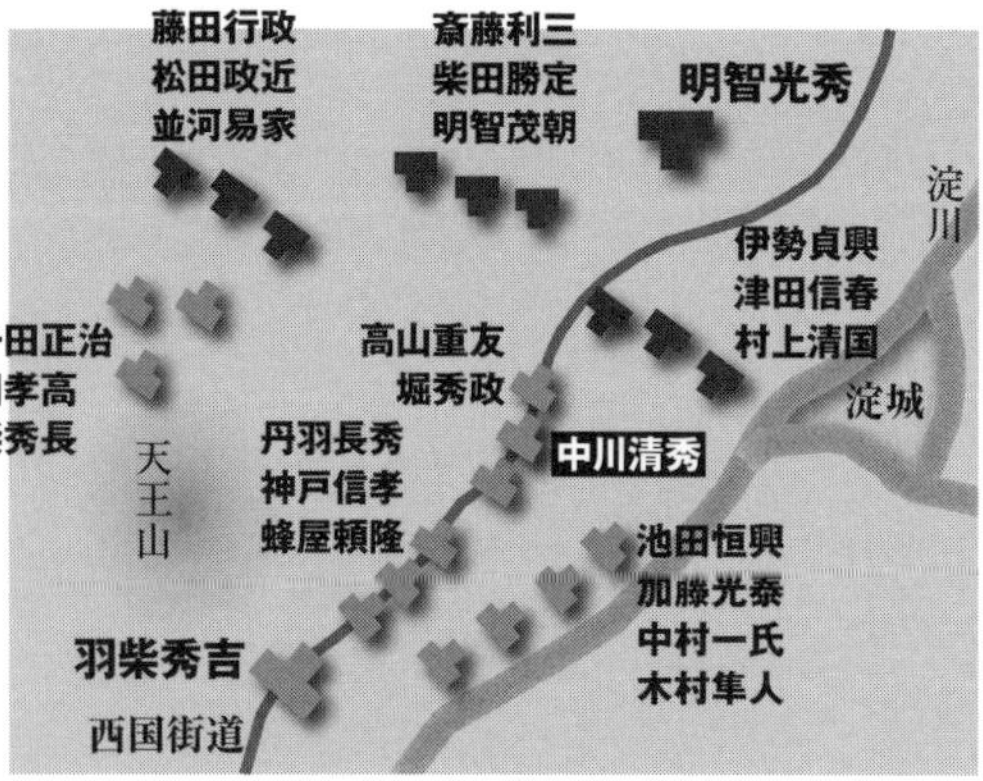

山崎の合戦　両軍配置図

王山側）に松田太郎左衛門《たろうざえもん》政近、並河掃部《なみかわかもん》易家ら丹波《たんば》衆★、右備えに伊勢与三郎《いせよさぶろう》、諏訪《すわ》飛騨守《ひだのかみ》ら旧幕府衆、左備えに津田与三郎信春が布陣。光秀本隊は、御坊塚《ごぼうづか》に置いた。

十三日午後四時頃、明智軍の松田・並河隊が、天王山を占拠しようと中川隊に攻撃を仕掛けて、〝山崎の合戦〟の火蓋は切って落とされた。松田・並河隊の猛攻に応戦する中川隊に、秀吉軍の左翼隊が、駆けつけ激戦となった。山麓では、秀吉軍の高山・織田・丹羽隊と明智軍の斎藤・津田隊が、こちらも激戦を演じていた。

この陣形を見て秀吉は、池田隊に川を渡って明智軍の側面を突くよう命じた。これで明智軍は、大きく崩れ始め、戦況は一気に秀吉軍が有利となった。併せて、時間とともに戦力の差が如実となり、二時間後には、秀吉軍の圧勝で戦いは終了した。なお、のちに勝敗の分かれ目を〝天王山〟と称するようになったが、これは、〝山崎の合戦〟の勝敗の鍵を天王山が握ると判断して清秀が先手を取ってこの山を占拠したことに始まる。

敗れた光秀は、一旦勝龍寺《しょうりゅうじ》城に入ったが、夜にまぎれて城を捨てて再起を図るべく、本拠地の近江坂本城（現・滋賀県大津市）に向かった。従ったのは、滝《たき》尾勝兵衛《おかつひょうえ》ほかわずか一三騎であった。途中山科《やましな》の小栗栖《おぐるす》（現・京都市伏見区）で、落武者狩りに遭い、光秀は五十五歳の人生を閉じた。その首は、本能寺に晒

▼丹波衆
現在の京都府西部から、一部兵庫に住んだ国衆。

されたという。

戦いの後、陣中見回りを駕籠《かご》で行った秀吉は、「瀬兵衛《せべえ》（清秀の通称）、骨折り！」と言うと、清秀は、「猿め、はや天下を取った気でおるわ！」と大声で言い返し、秀吉は聞こえぬ振りをして通り過ぎた、という逸話が残されている。

戦いが終わって、改めて主君信長の死を悼み、救世主を失った喪失感に浸っている清秀に対して、駕籠に乗って天下を取ったかのようにはしゃぐ秀吉に通称ではあるが、〝瀬兵衛〟と呼び捨てにされては、黙ってはいられない。戦いの功労者である清秀に対して声をかけるならば〝中川殿〟であろう。とっさに〝猿め〟と言い返したところに、二人のこの戦いに寄せる思いの違いが如実に出ている。

しかし、国を統一し世に安寧をもたらすという流れは、大きく秀吉に傾きつつあることを感じた清秀は、不満ではあるが、信長に代わり秀吉を救世主として仕えなければならないと自分自身に言い聞かせた。「仕える以上は、命を賭して」と決意した。

二人のこの戦いに対する思いの違い、しかし今後は、信長に代わり秀吉を救世主として仰いで仕えなければならないという、自身に対する自嘲もあったのかもしれない。

賤ヶ岳に死にし「一粒の麦」

天正十年（一五八二）六月二十七日、本能寺の変で殺害された織田信長の後継者を決める会議が、清洲城《きよすじょう》（現・愛知県清須市）で開かれた。

山崎の合戦で光秀を倒した秀吉は、後継者に信長の長男信忠《のぶただ》の子三法師《さんぽうし》（のちの秀信《ひでのぶ》）――まだ三歳の幼児《おさなご》を担いだ。

これに対して柴田勝家は、信長の三男信孝《のぶたか》を担ぎ、両者は激しく対立した。結果は、同席した丹羽長秀、池田恒興《つねおき》らが秀吉側に付き、後継者は三法師で一応決着した。

この〝清洲会議〟で、信長亡き後の主導権を得た秀吉は、翌七月、京都で大規模な信長の葬儀を行い、八月には、京都奉行に親戚筋の浅野長政《あさのながまさ》、杉原家次《すぎはらいえつぐ》を据えた。これを見た勝家らは、秀吉の行為を自らの政権基盤づくりと警戒し、両者は信長亡き後の覇権を巡って、激しく対立した。

ついに天正十一年、両者の対立は、近江国賤ヶ岳《おうみこくしずがたけ》（現・滋賀県長浜市）の合戦にもつれ込んだ。秀吉軍は、五万の兵を木ノ本《きのもと》に置き本陣とした。一方勝家軍は、近江国柳ヶ瀬に三万の兵で本陣を置いた。

この時清秀は、秀吉の命令に応じて賤ヶ岳の麓にある大岩山《おおいわさん》に砦を築き、七〇

賤ヶ岳の合戦　布陣図

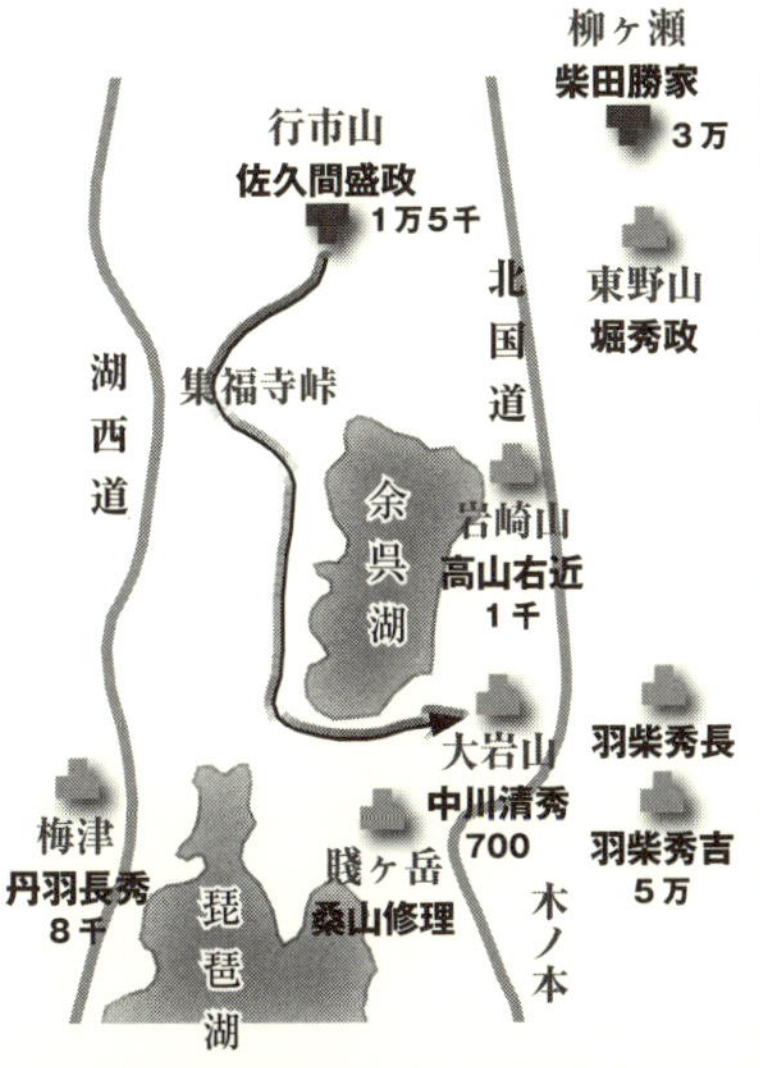

〇人ほどの兵で守備に当たった。

勝家軍と対峙し、長期戦の構えを見せていた秀吉軍であったが、天正十一年四月十七日、一旦は降伏していた神戸（織田）信孝が、滝川一益と結んで挙兵し、岐阜城下に進出したため、直ちに岐阜へと向かった。

これを好機と見た勝家軍の先鋒、織田家第一の猛将とされていた佐久間盛政は、四月十九日、一万五〇〇〇の軍勢を叱咤して、清秀隊が守る大岩山に猛攻をかけた。清秀隊は善戦するものの、多勢に無勢、窮地に追い込まれた。高山右近らは撤退を勧めたが、清秀は、「秀吉の命により築いた砦で一戦も交えずして退くは、武士の本意にあらず」とこれを聞き入れず、生き残った家来数十名と共に打って出て、壮烈な最期を遂げた。

一説に、打って出て討死したのは、清秀の弟の中川淵之助《ふちのすけ》で、清秀は自害したとも伝えられる。

盛政隊は、さらに岩崎山に陣を張っていた高山右近隊を攻撃、右近隊は、支えきれず、木ノ本の羽柴秀長の陣営に逃げ込んだ。

四月二十日、大岩山の悲報を受けた秀吉軍は、岐阜の大垣《おおがき》城から、急遽、木ノ本の本陣に引き返した。ちなみに大垣城と木ノ本の陣営までの距離は五二キロメートル。これをわずか五時間で移動するという離れ業を見せた。いわゆる〝美濃返し〟である。

これまで再三の勝家の撤退命令を無視してきた盛政はこれを知り、敵陣地に深く入り込みすぎたことを悟り慌てて退却するものの間に合わず、秀吉軍の急襲を受け、戦いは激戦に持ち込まれた。

ここで異変が起こる。勝家軍についていたはずの前田利家《まえだとしいえ》隊が戦線を離脱、撤退し始めたのである。理由は、勝家と利家とは主従関係、秀吉とは信長に仕えて以来の親友関係にあり、その相関関係に耐えられなかったというのが大方の見方である。

このため利家隊と対峙していた秀吉軍が、勝家軍攻撃に加わり、柴田軍本隊に殺到した。秀吉軍の勢いに抗し切れない勝家軍は、越前の北《きた》ノ庄《しょう》（現・福井市）に撤退を余儀なくされた。

四月二十三日、秀吉軍に包囲された勝家は、夫人のお市の方と自害した。佐久間盛政は捕らえられ配下となるよう説得されたが肯《がえん》ぜず、ついに斬首の上、京都の六条河原に晒された。神戸信孝は切腹、滝川一益は出家した。

結果、戦いは秀吉軍の勝利に終わったが、清秀は、四十二歳の波乱に満ちた生涯を閉じた。

辞世の句は、「中川も今は三途の川ぞかし同じ淵瀬《ふちせ》に身をば沈めむ」であった。「淵瀬」は、清秀の別称瀬兵衛の「瀬」と、共に討死した弟の中川淵之助の「淵」を組み合わせたもので、「世の無常」の心情を重ね合わせているという。

息をもつかせぬ戦いの連続の中で、常に先陣を切って戦いに臨み、戦いを勝利に導いた清秀の生涯は、勇猛果敢な戦国武将と評されて当然だろう。

一方、主君を選び間違えればたちまち滅亡の憂き目に遭う戦国時代にあって、一度の誤りもなく主君を選び、選んだ以上は忠誠を尽くし、緻密な縁戚攻勢をかけ、常に勝ち組にその存在を誇示した清秀の時代を見抜く力量は、智将としての印象を十分に焼き付けるものである。

清秀は、熱心なキリシタンだったことが知られている。清秀の死で思い浮かぶのは、『新約聖書』の「一粒の麦が地に落ちて死なければ、それは一粒のままである。しかし、もし死んだなら、豊かに実を結ぶようになる。自分の命を愛するものはそれを失い、この世で自分の命を憎むものは、それを保って永遠の命に至るであろう」（「ヨハネによる福音書」第十二章・二十三〜二十四節）という一節である。

戦国の世にあって保身に走らず、常に死に場所を求めるようにして時代を駆け抜けた清秀。そして自らの命を惜しげもなく時代の一コマに投じた清秀の死は、一粒の麦となって、中川という、家名・家督を留めるに困難な戦国、江戸、明治という時代を貫き通す永遠の命をもたらした、と解釈するのは、大袈裟であろうか。清秀の生き様、死に様は、正に〝岡・中川の太祖〟と呼ばれるに相応しいものであった。

死につながった長男秀政の失態

〝賤ヶ岳の合戦〟での清秀の文字通り命を賭して秀吉に忠誠を尽くした功績に、秀吉は、長男秀政《ひでまさ》に摂津国茨木城十二万石の家督を継がせた。この時秀政十六歳。

秀吉は、賤ヶ岳の合戦後、織田家の勢力を手中に収めると、天正十二年（一五八四）〝小牧《こまき》・長久手《ながくて》★の戦い〟、翌十三年〝四国征伐〟、同十五年〝九州平定〟、同十八年には〝小田原攻め〟で北条家を滅ぼし、わずか八年で実質的に全国統一を果たした。その間、天正十一年に大坂城築城開始、同十三年には関白に就任、同十六年に刀狩令《かたながりれい》を発令、同十九年に各大名に検地を命ずるなど、着々と権力基盤を固めていった。

秀政は、父清秀同様に秀吉に仕え、前述のほとんどの戦闘で功績を上げ、播州三木城十三万石に加増移封された。三木城は、播州明石の北、姫路の東に位置し、そばを流れる美嚢《みのう》川南岸に築かれた城である。元来、三木城は別所《べっしょ》氏の城であったが、天正六年の〝毛利攻め〟の折、最初は、秀吉側の先鋒を務めるはずだった別所長治が、突如毛利側に寝返り三木城に立て籠もった。秀吉軍は、三木城を取り囲み二年間にわたる兵糧攻めを行い、長治ら一族を自決に追い込んだ、いわゆる〝三木合戦〟の舞台となった城である。城下は山陽道の要所として栄えていた。

▼小牧・長久手
現・愛知県名古屋市。

中川秀政
（個人蔵）

天下統一を果たした秀吉が、次に目指したのが、朝鮮半島への進出であった。背景としては、諸大名に与える恩賞地を確保するため、あるいは、織田信長が抱いた中国征服の構想を引き継いだともされている。かくして天正二十年（一五九二／十二月八日に文禄と改元）一月、秀吉は、朝鮮出兵の命令を下した。〝文禄《ぶんろく》の役〟である。

秀政は弟の秀成《ひでしげ》と共に、軍勢三〇〇〇余りを大船一二隻に分乗させ、意気揚々と出陣した。釜山沖の海戦では、敵艦船を焼き討ちにするなど善戦した。

上陸した日本軍は、首都漢城《かんじょう》（現・ソウル）に至る右道（東側）を加藤清正《かとうきよまさ》隊が、左路（西側）を黒田長政《くろだながまさ》隊が、そして中央を小西行長《こにしゆきなが》隊が北上。五月二日、漢城を占領した。秀政が率いる中川隊は平壌《へいじょう》（現・ピョンヤン）に入り、水源城（現・韓国京畿道水源府）の守備に入った。

事件はここで起こる。伝えによれば、秀政の性格は、豪放磊落《ごうほうらいらく》で自信過剰気味な性格であったらしい。それが災いを呼ぶことになる。同年十月二十四日、〝水源城の戦い〟の最中、朝鮮軍数千人と対する中、家臣の制止にもかかわらず、秀政はこともあろうに鷹狩りに興じ、その油断を突かれて敵の毒矢に当たり、二十五歳の若さで人生を閉じるという失態を演じてしまったのである。

少し詳しく当時のことに触れておこう。秀政は、甲冑《かっちゅう》の上に狩り装束を着け、数人の家臣と騎乗し狩り場へと進んだ。これに従う七〇〇人ほどの兵は獲物を驚かせてはならないと、具足《ぐそく》を着けて徒歩で従った。狩りの収獲は十分で、秀政は上機嫌だった。

しかし、朝鮮兵が、この動きを見逃すはずもなく、一斉に攻撃を仕掛けてきた。秀政は、狩りと別に兵糧確保のために、無防備で水田の収穫に当たっていた家来が襲われるのを見かねて、とっさに馬を走らせ、数人の家臣と朝鮮兵の中に打って出た。従う兵は、前述のように具足を着けた上に徒歩なのでなかなか追いつかない。一人敵陣に飛び込んだ形となった秀政は、孤軍奮闘するものの多勢に無勢、如何《いかん》ともし難く、敵の毒矢に当たって息絶えたのである。

弟秀成はこのことを秀吉に、「見回り中に敵の待ち伏せに遭い倒れた」と嘘の報告をするが、嘘がばれ、秀吉の逆鱗《げきりん》に触れることとなった。本来ならば、家督相続など許されず、大罪となるところであったが、秀吉は父清秀の功績に免じ、秀成の家督相続は認めるものの石高を半減させ、移封を命じたのである。

③ 解体された豊後国へ移る秀成

キリシタン文化に彩られ、鎮西《ちんぜい》の雄と謳われた大友氏は、〝文禄の役〟の失態で、滅亡する。
大友氏の領地豊後国は解体され、小藩分立の時代へと入る。
この豊後・岡へ、四〇〇〇人で大移動したのが中川家だった。

豊後大友氏の末期

話は前後するが、やがて中川氏が移封される豊後国《ぶんごこく》（現・大分県）について触れておかねばならない。

豊後国は、鎌倉時代に将軍 源 頼朝《みなもとのよりとも》が、大友能直《よしなお》を豊後国の初代守護に任じて以後、大友氏が守護職を世襲し、支配していた。南北朝時代には、足利氏に属して北九州の有力大名に成長した。

戦国時代に入ると、キリシタン大名として名を馳せた大友宗麟《そうりん》が、九州九カ国のうち六カ国、すなわち筑前《ちくぜん》、筑後《ちくご》、肥前《ひぜん》、肥後《ひご》、豊前《ぶぜん》、豊後を支配下に置き全盛期を迎えた。その後、宗麟はキリスト教に強く傾倒し、豊後府内《ふない》を中心に南蛮《なんばん》文化を花開かせた。

大友宗麟像（大分駅前）

しかし、宗麟がキリシタンに傾倒するにつれ、元来より八幡信仰《はちまんしんこう》や仏教信仰に篤《あつ》い家臣団との軋轢《あつれき》をもたらすに至った。また宗麟は、早くに子の義統《よしむね》に家督を譲り二十二代当主としたが、宗麟が完全に政治から手を引いたわけではなく、天正年間には、二元政治に陥り、内部抗争が頻発するようになり、次第に統治能力を失っていく。

さらに元亀元年（一五七〇）、肥前（現・佐賀県）で勢力を拡大しつつあった龍造寺隆信《りゅうぞうじたかのぶ》を討伐するため、宗麟は弟の親貞《ちかさだ》を総大将に六万の大軍を派遣し、龍造寺軍五〇〇〇と肥前今山《ひぜんいまやま》で対決する〝今山の戦い〟にもつれ込んだ。圧倒的戦力を誇った大友軍だったが、龍造寺軍に油断を突かれて夜襲をかけられ、大友軍は大敗した。これを機に筑前、筑後においても反乱が勃発するようになった。

また天正六年（一五七八）、九州制覇を狙う島津氏の攻勢を受けた日向《ひゅうが》伊藤氏の要請に応えて、宗麟・義統が率いる大友軍四万と島津軍三万が、日向高城川原《たかじょうがわら》、通称耳川《みみがわ》（現・宮崎県木城町）で対峙し、戦力的には有利だった大友軍が、内部統制の乱れから島津軍に大敗した。これ以降、薩摩《さつま》、大隈《おおすみ》、日向の統一を果たした島津氏が、九州の統一をもくろみ、豊後国に進出。大友氏の本拠地府内までおびやかすようになり、大友氏は危機的状況に陥った。宗麟は、豊臣秀吉に支援を要請して、自ら秀吉に臣従《しんじゅう》の意を表した。

秀吉は、島津氏に勝手な合戦を禁じる「惣無事令《そうぶじれい》」に従うように命じるが、島津氏はこれを無視。これを怒った秀吉は、天正十四年、長宗我部元親《ちょうそがべもとちか》らの軍を差し向けた。しかし、〝戸次川《へつぎがわ》の戦い〟で大敗してしまう。

天正十五年、秀吉直々の軍二〇万が九州に上陸し、島津側の軍を次々に撃破した。ついに島津氏は、降伏。秀吉は、〝九州征伐〟を成し遂げた。

大友氏は、島津氏の脅威は避けられたものの、秀吉の下で豊後一国に封じられることになった。この間、宗麟は隠棲し、後継となったのが義統である。

文禄の役での大友氏

話は、前述の〝文禄の役〟に戻る。当初、一五万余りの兵で編成された日本軍は、破竹の勢いで朝鮮半島を北上し、首都の漢城を攻め落とし、小西行長《こにしゆきなが》は平壌《へいじょう》を占領、加藤清正は隣国明《みん》国との国境まで進出した。しかし、時が経つとともに朝鮮各地で民衆が蜂起、明国も援軍に駆けつけると、日本軍は劣勢に立たされ始めた。

〝閑山島《かんざんとう》の海戦〟で熊野水軍、瀬戸内水軍が、李舜臣《りしゅんしん》が率いる朝鮮水軍に大敗すると、海上からの補給路を断たれた日本軍は、一挙に劣勢に転じたのである。

大友義統は、秀吉の命により、文禄二年（一五九三）、兵六〇〇〇余りを率いて、朝鮮に渡り、平壌南方の鳳山城《ほうざんじょう》を守っていた。

平壌を守っていた小西行長は、敵方の援軍に駆けつけた二〇万の明国軍に包囲され、窮地に追い込まれた。退却を余儀なくされた行長は、鳳山城に退却し、大友軍と合流し態勢を立て直し、ここで明軍と対決したい旨を義統に告げた。

ところが義統は、怖じ気づき、「大兵襲来《たいへいしゅうらい》、当たるべからず、行長必ず戦死、早ここを逃ぐるべし」と、鳳山城から退却してしまったのである。命からがら鳳山城に退却した行長は、大友氏の陣が引き払われていたことに激怒し、秀吉に報告した。報を受けた秀吉は、「日本一の大臆病者」と激怒し、大友氏から豊後国を取り上げてしまったのである。

豊後国を取り上げられた義統は、山口に幽閉され、大友氏一族は所領を失った。かくして鎮西《ちんぜい》の雄と謳われた大友豊後国は滅びたのである。

秀吉は、豊後国を大友氏から召し上げると、直ちに山口玄蕃《やまぐちげんば》と宮部継潤《みやべけいじゅん》に命じて、検地を実施した。検地に基づき豊後国を分割し、文禄三年（一五九四）、〝文禄の役〟の軍功に応じて次の通り封じた。

早川長敏《はやかわながとし》　府内《ふない》（現・大分市）一万三千石
福原直高《なおたか》　臼杵《うすき》（現・臼杵市）六万石
熊谷直陳　安岐《あき》（現・国東市安岐町）一万五千石
筧《かけい》　家純《いえずみ》　富来《とみく》（現・国東市）二万石
竹中重利《しげとし》　高田（現・豊後高田市）一万五千石

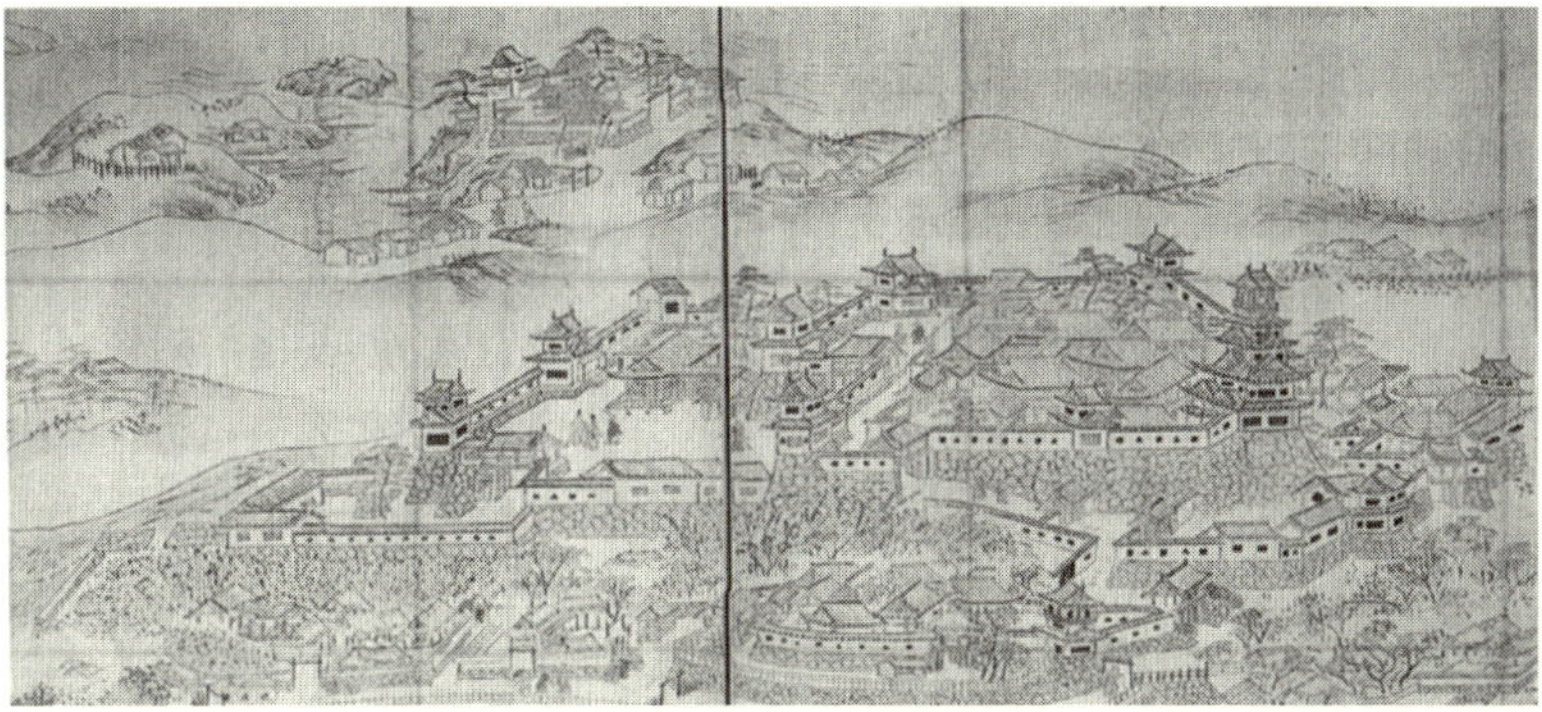
文禄の役で基点となった名護屋城（狩野光信筆「肥前名護屋城図屏風」／（佐賀県立名護屋城博物館蔵）

毛利高政《たかまさ》　日田《ひた》・隈城《くま》（現・日田市）二万石
やがて中川秀成が移封する岡（現・竹田市）は、六万六千石であった。
朝鮮出兵の失態により、豊後国を召し上げられた大友氏。その豊後国に同じく朝鮮出兵で失態を演じてしまった中川氏が移封してくるのだから歴史というのは不可思議な縁に操られているとしか思えない。この時から、いわゆる豊後国の小藩分立の時代が始まるのである。

三択後に四〇〇〇人の大移動

さて、文禄二年（一五九三）、秀吉は中川家の移封に当たって、三つの候補地を提示した。まず伊予《いよ》（現・愛媛県）の宇和島、次に淡路《あわじ》の洲本《すもと》（現・兵庫県洲本市）、そして豊後の岡《おか》である。

秀成はそれぞれの地の優劣を調査し、最終的に豊後・岡を選択した。秀成が、三候補地のうち、豊後・岡を選んだのは、大友氏領召し上げの事後処理のため、検地を行っていた知人である山口玄蕃らの助言によるものと伝えられている。

『中川資料集』には「秀吉公、秀成に伊予ならば十万石、豊後ならば七万石と云ふ。山口玄蕃の言に、伊予の十万石はそれだけの価、豊後の七万石は、十五万石の価ありと答ふ。これに決す」とある。また岡には尾平《おびら》、木浦《きうら》といった鉱山があるという情報も岡選択の要因となったようだ。

しかし、岡決定には、家臣たちが、「なぜ播州三木から見れば辺境にしか過ぎない豊後の岡を選んだのか」と反対し、大騒ぎとなった。中には脱藩を口にする者まで出る始末である。

そこで秀吉は文禄二年十一月十九日付けの書簡で、「その方の事、来春豊後へ遣わされ候。ついては家来ことごとく召し連れまかり越すべく候。自然逐電《ちくでん》の族、これあり候へば、追って先々成敗を加うべきなり」と脅迫ともいうべき触れを出した。秀吉の強い命令の前に家臣たちは従わざるを得ず、一応家臣らの収まりはついた。

しかし、婦女子の不満は収まらなかった。中川家が治めてきた茨木や三木《みき》は、京都、大坂に近く、文化・経済の活気漲る土地である。それが、洲本、伊予ならまだしも、九州の、それも山奥の岡をなぜ好き好んで選んだのかと不満をぶつけた。実際、「岡は鬼の住むところ」という噂まで広がっていた。

そこで秀成は、岡に入ったらそこに京都風の町をつくり、播州をはじめ畿内の商家も移すことを約束し、説得したという。

ここからは、憶測である。秀成が移封地選択の過程で岡の地を選んだのは、前述のように山口玄蕃らの助言によったことは間違いない。しかしもう一つ、秀成がキリシタンであったこともその理由に挙げられないだろうか。

豊後国は、大友宗麟がつくったキリシタン王国、中でも岡を支配した志賀氏は、熱心なキリシタンで、岡には多数のキリシタンがいた。長年親しんだ三木の地を追われるのならば、いっそ岡の地に行き、キリシタン王国すなわち理想郷をつくりたいという本音もあったのかもしれない。

文禄三年一月二十五日、秀成の決断により新天地の豊後岡を目指して、三木城を後にした中川氏一行の総勢四〇〇〇人は、五〇隻の大船に荷物を搭載して、播州坂越《さこし》（現・兵庫県赤穂市坂越）を出発した。

まさに民族大移動である。キリシタンの秀成は、『旧約聖書』の「出エジプト記」のモーゼが、民をエジプトの地から聖地へと導く光景を思い浮かべ、感慨無量だったに違いない。

当時の移封に伴う経費はすべて個人負担で、相当の金額を要したが、これらの経費は堺の商人上がりの家臣・柴山両《しばやまりょう》賀《が》重祐《しげすけ》が援助した。

柴山両賀重祐という人物は、もともと武士の出で、父は足利家の家臣だった。しかし、三好一族に領地を奪われ、やむなく堺で商人となった。やがて八〇万両を有する豪商となった。それでも重祐は、武士に対する憧れともいうべき志を忘れ切れず、やがて商売を捨て、良き主《あるじ》を求めて京都に上り、そこで中川清秀に出会い家来となった、という異色の人物である。

以来、中川氏のために財政や兵糧の調達を一手に引き受け、経済戦争の様相を深めていく戦国の世において、中川氏の後ろ盾となった。中川氏の岡移封に関しても、大船をはじめ大概の経費を賄ったという。

〝赤岩《あかいわ》事件〟に厳然たる対処

文禄三年（一五九四）二月八日、秀成の率いる大船団は、豊後速見《はやみ》郡小浦《こうら》（現・大分県日出町《ひじまち》豊岡）に着岸した。着岸するや否や、中川平右衛門長祐《へいえもんながすけ》、鉄砲頭村上太郎兵衛《むらかみたろうべえ》、同野尻伝兵衛貞秀《のじりでんべえさだひで》、旗本池田雅楽助長政《いけだうたのすけながまさ》を先手として陸路、新天地岡を目指した。

二月十三日、岡領に差し掛かった秀成一行に、「大友家浪人三、四〇〇人が麓赤岩谷（現・竹田市大字高伏字赤岩）に逆茂木《さかもぎ》を引き、入部を阻止する構えを見せている」との情報が飛び込んできた。そこで、秀成は、「岡城は（秀吉から）秀成拝領し、今日入部せしむる処なり。早速罷出て、賀し申すべきに、往来を遮る条、奇怪の至りなり。早々人数を引払はざるに於いては、一々踏潰し、首切り掛けて通るべし」。つまり、「入封を歓迎してしかるべきなのに、行く手を遮るとはとんでもない。早速撤収しないならば、踏み潰して首を斬るぞ」と使者を送った。

浪人らは、「もとより秀成公に敵対心などない。我々は大友氏滅亡後、公領となったこの地を管理せよと頼まれており、中川公に引き渡せという命令がない間は通すわけにはいかない」と答えて動こうとしない。一触即発のにらみ合いが続いた。

浪人らが言うように、大友氏が改易された、岡を含む旧大友氏の領地は、代官熊谷半治《くまがいはんじ》が管理支配していた。やがて半治から「中川殿御役人に土地相渡すべし」という命令が下った。浪人の中で大津上野と右田《みぎた》中務《なかつかさ》長弘《ながひろ》は、素直に命令に従い浪人衆を解散させ、退散した。

しかし、不満分子の百余人が依然抵抗した。

秀成は、これらの輩《やから》への攻撃を命じ、八四人を討ち取り、一七人を生け捕りにし、全滅させた。討ち取った八四人の首は、村道に晒し首にし、生け捕りの一七人は会々下木《あいあいしたぎ》村で磔《はりつけ》に処したという。これが中川公の入封の第一事件として後世に語り継がれた〝赤岩事件〟である。

赤岩事件は、中川氏入封に当たって岡の地に、依然として大友氏旧勢力の抵抗がくすぶっていたことを示す事件であった。秀成の冷徹とも取れる措置は、毅然とした支配に向けての姿勢を見せるものであったものと思われる。

一方、撤退した大津、右田らに対しては、希望に応じ土地を与えるという懐柔策をとった。こうして中川氏の岡への入封が完了したのである。

現在の赤岩付近

〝慶長の役〟と二つの逸話

慶長二年（一五九七）二月、秀吉は、再度の朝鮮出兵の命を発した。〝慶長の役〟である。

この頃の秀吉は、天下人《てんかびと》としての面目を失っていく。異常なまでの領地欲、後継者への執着など老醜ともいうべき行いが目立ってきていた。一時は、信長に代わる救世主として誠を尽くした秀成であったが、その思いはさめたものとなっていた。

秀成は、岡入封を果たしたばかり、岡城再建、城下町づくりも緒についたばかりで、この時期の朝鮮出兵は、大きな負担であった。しかし命令とあれば、従わざるを得ず、慶長二年六月、中川平右衛門、柴山両賀などの重臣以下一五〇〇の兵を引き連れて出陣した。

陣立ては、第一軍と第二軍は小西行長と加藤清正が交代で務め、第三軍が黒田長政ら六大名、第四軍が鍋島直茂《なべしまなおしげ》と勝茂《かつしげ》、第五軍が島津義弘《しまづよしひろ》、第六軍が藤堂高虎《とうどうたかとら》ら六大名、第七軍が蜂須賀家政《はちすかいえまさ》ら三大名、第八軍が毛利秀元《もうりひでもと》ら二大名で構成され、総勢一二万だった。秀成は、第六軍に属した。

この戦いについては、〝文禄の役〟ほどの快進撃はなく、明・朝鮮軍の反撃が始まると、兵糧攻めによる食糧難、ゲリラ攻撃、冬の到来による厳しい寒さなどで、日本軍の士気は低調で、苦戦を強いられた。

　その戦いの最中の慶長三年（一五九八）八月十八日、秀吉が伏見城で逝去。日本軍は、朝鮮半島から撤退せざるを得なかった。

　秀成にとっては、意味の見出せない、収穫のない〝慶長の役〟であった。この役には、岡藩に語り継がれる二つの逸話が残されている。

　朝鮮で進撃の際、日本軍は碧雲寺《へきうんじ》という寺院を破壊したが、秀成は、その寺の寺号額を持ち帰った。

　なぜ秀成は、碧雲寺の寺号額を持ち帰ったのか。それは、〝慶長の役〟で日本軍は、殺戮、略奪、破壊、放火と暴挙の限りを尽くした。その上に秀吉は、戦果の証として兵士や人民の首の代わりに鼻や耳を切り名護屋城に届けさせ、その中には非戦闘員の女や子どもまで含まれ、その数は、一〇万人にも及んだという。そうした一連の日本軍の暴挙の一つが碧雲寺の破壊だったのだろう。

　天下統一を果たし世に安寧をもたらす救世主に仕え、その尖兵となりたいという大義の下、常に戦いの先頭に立ってきた秀成であったが、この戦いにおいての意義を見出せずにいた。その上の日本軍の暴挙、秀吉の命令には、狂気しか感じることができなかった。

　キリシタンである秀成は、一連の行動に加担せざるを得ない自分を責め、虐殺

碧雲寺と寺号額

された朝鮮人たちに対するせめてもの贖罪《しょくざい》、供養として寺号額を持ち帰ったのではないかと思われる。清秀は、〝白井河原の戦い〟で和田惟政を討ち取り、惟政の前立ての〝バテ十字紋〟を家紋にしたが、それが同じキリシタン大名だった惟政を供養するためのものであったならば、秀成が寺号額を持ち帰ったのも同じ心境だったといえる。

秀成亡き後、二代久盛《ひさもり》が、慶長十七年、中川家菩提寺を建立する際、この碧雲寺の額をそのまま寺号として使用し、龍護山《りゅうござん》碧雲寺とした。今も碧雲寺には、この寺号額が掲げられている。

また、この破壊した碧雲寺には、美しい牡丹《ぼたん》が咲いていたので、数株を持ち帰った。株は、岡城二の丸に植えられ、〝紫《むらさき》牡丹《ぼたん》〟と名づけられた。明和《めいわ》八年（一七七一）の大火災で、二の丸と一緒にこの牡丹も焼失。牡丹は絶えたかに見えたが見事新芽が吹き出し、以前にも増して美しい花を咲かせ、その苗は西の丸にも移植された。さらに苗は、前述の中川家菩提寺となった碧雲寺にも移植された。奇《く》しくも朝鮮から持ち帰った碧雲寺の寺号額と牡丹は、中川家菩提寺の碧雲寺で再会したのである。

その後、久盛は、生母虎姫《とらひめ》の父佐久間盛政の菩提を弔うために、寛永《かんえい》二十一年（一六四四）、英雄《えいゆう》寺を建立したが、この寺にも紫牡丹は移植された。英雄寺では、この牡丹を大切に引き継ぎ、今日も牡丹の名所となっている。

英雄寺

英雄寺の牡丹

これも岡

訪ねてみたい岡藩の遺産(1)

中川家菩提寺・碧雲寺

文禄三年（一五九四）に岡に入封した初代藩主秀成は、慶長十七年（一六一二）に隠居所として御茶屋を建て始めた。

ところが、同年八月秀成は急死。跡を継いだ二代藩主久盛は、御茶屋の建設を中止し、中川家の菩提寺に変更して建設を進めた。城下の東厳寺雲室和尚を迎えて開祖とし、寺号は、慶長の役で秀成が朝鮮から持ち帰った寺号額をそのまま用いたという。

隣接する中川家墓所には、初代秀成、二代久盛、四代久恒、五代久通、六代久忠、九代久持、十一代久教の七藩主の墓石が並んでいる。

近年、墓所の御成門をはじめ玉垣や土塀が修復され、また庭園の龍吟池、石橋なども整備、「おたまや公園」として、市内外の訪問者を楽しませている。

キリシタン洞窟礼拝堂

竹田市殿町の武家屋敷の町並みから少し谷間に入ると、凝灰岩《ぎょうかいがん》岸壁に掘られた洞窟礼拝堂がある。

入り口正面は高さ一・七メートル、幅一・五メートルで、洞窟の石室の奥行きは四メートル、天井の高さは最も高いところで四メートルである。

石室の奥には、底辺五〇センチメートル、上辺三一センチメートル、高さ九五センチメートル、深さ一センチメートルの薄い掘り込みがあり祭壇として使われたものと思われる。

元和三年（一六一七）に記された『日本切支丹宗門史』の「神父ペトロ・パウロ・ナバロは、久しく洞窟に隠れていたが、ここを出ると、再び熱心に布教に従事した」とある洞窟ではないかというのが大方の見方だ。当時は二代久盛の時代、幕府の命で切支丹迫害が始まった頃である。

愛染堂（願成院本堂）

愛染堂

隣接する観音寺の十六羅漢が、表情豊かに参拝客を迎えてくれる願成院本堂の愛染堂は、寛永十二年（一六三五）に二代久盛が建立した。本尊の愛染明王は、愛着、親愛の意味と、染色、彩色の二つの意味をもつことから名づけられた。また恋愛成就の願掛け本尊としても親しまれている。

高欄付きの縁が、堂周辺を巡った三間堂は、高さ六・九五メートル。禅宗様式の美しい建物で、特に軒下の組み手は、見事である。内部は柱がなく、枠組みだけで造られ、中央に、愛染明王像が鎮座している。

また庫裏として使われている円通閣は、長屋門に禅宗様式の門扉を配した特異な建物である。漢学者、詩人、文人が集った面影が残る佇まいである。

円通閣

御客屋敷

竹田市内の寺町にある御客屋敷は、御使者屋敷ともいい、他藩からの士分以上の客を迎える宿泊所だった。もともとは、藩営宿泊所として田町にあったが、寛文六年（一六六六）の火災で焼失したために、同八年に、現在の地に移転再建された。

幕府の測量方として九州を訪れた伊能忠敬が、文化七年（一八一〇）十二月十八日に宿泊したと記録されている。

風格のある薬医門《やくいもん》をくぐり、屋敷に入ると、玄関から前座敷、奥座敷、上座敷と続き、一角には、居間が設けられている。裏庭は、天然の岩を利用した枯れ山水式の庭園となっている。

訪れた人を街の喧騒から解放し、古き良き時代に誘《いざな》ってくれる。

④ もう一つの天下分け目

天下は、豊臣方の西軍と徳川方の東軍に大きく割れ、ついに〝関ヶ原の戦い〟に突入した。中川秀成は、早々に徳川方に付くことを表明していたが、黒田氏と旧大友氏が戦った〝石垣原の戦い〟で、「中川寝返り」との噂が流れ、秀成は窮地に立たされた。

〝関ヶ原の戦い〟に参戦できず

秀吉の死は、その後の政権の覇権を巡って、諸大名の間に摩擦をもたらした。当初は、政権内の石田三成《いしだみつなり》を中心とする文治派《ぶんちは》と加藤清正・福島正則らを中心とする武断派の争いであったが、五大老★筆頭の徳川家康が調整に入る形で介入し、存在感を示し始めた。

やがて対立の構図は、家康を中心とする徳川方・東軍と三成を中心とする豊臣方・西軍に二分化され、互いの多数派工作は激しさを増していった。

秀成は、かつては秀吉に忠誠を尽くしたことから、豊臣方から盛んに勧誘を受けたが、これを無視し、慶長四年（一五九九）三月、三河国吉田の池田輝政《てるまさ》の口添えで「無二の忠節」を申し出、翌年には、起請文《きしょうもん》を書き、徳川方への忠誠を

▼五大老
豊臣政権下における最高顧問的存在。徳川家康、前田利家、毛利輝元、宇喜多秀家、上杉景勝の五人。

誓った。秀成がなぜ徳川方に付いたかについては、岡への移封は実質上の豊臣政権からの左遷であったこと、かつてより徳川方を明確にしていた黒田如水（中津城主）、加藤清正（熊本城主）らと連絡を密にして志を一にしていたこと、などが考えられる。

そして何よりも豊臣氏の安泰だけを願う三成よりは、「厭離穢土《えんりえど》　欣求浄土《ごんぐじょうど》」を掲げ、戦国の世に終止符を打ち、この世である穢土を浄土、すなわちパラダイスにしたいという志に満ちた家康に、かつて清秀が織田信長に見た救世主の面影を感じたからではないだろうか。そこに何よりも「これからは徳川」という秀成の時代を見抜く眼力があったように推察される。

さて、時代は大きく動き始める。慶長五年六月、上杉景勝《うえすぎかげかつ》に謀反の疑いを掛けた家康は、諸大名を引き連れて〝上杉征伐〟のために会津へと進軍し、大坂城を空けた。これを機と見た近江佐和山で謹慎させられていた三成が、同年七月、五大老の毛利輝元《てるもと》を総大将に、宇喜多秀家《うきたひでいえ》らを味方につけて、大坂城で家康討伐を掲げて挙兵したのである。

この報せを聞いた家康は、上杉征伐を中止し、福島正則ら家康に味方する諸大名と畿内へと引き返し、同年九月、美濃国関ヶ原★で東西両軍一六万が激突する〝関ヶ原の戦い〟に突入した。

九月十五日午前八時、戦いの火蓋は切って落とされた。

▼美濃国関ヶ原
現・岐阜県不破郡内の町。東山道の要地として不破関が設けられた。

西軍主力の大谷吉継《よしつぐ》、宇喜多秀家、小西行長らと東軍の細川忠興《ただおき》、本多忠勝《ただかつ》、井伊直政《なおまさ》らが正面から激突。互いに譲らず、戦いは、こう着状態に陥った。

ここで家康が動いた。実は、西軍の小早川秀秋に密かに裏切りを要請していたのである。しかし、秀秋の態度ははっきりしない。業を煮やした家康は、秀秋の陣地に向けて鉄砲を撃ち込み、裏切りを督促した。これに驚いた秀秋は、意を決し西軍めがけて打って出た。

この攻撃で、宇喜多隊、大谷隊、石田隊の主力が総崩れとなり、一気に戦況は、東軍有利に傾いた。かくして天下分け目の関ヶ原の戦いは、東軍勝利で決したのである。

話は前後するが、家康に忠誠を誓った秀成は、家康の〝上杉征伐〟に伴い、同年七月二十五日、中川平右衛門、吉田喜太郎《きたろう》、萱野《かやの》五右衛門、下村平右衛門ら六〇〇の兵を徳川軍の加勢として出発させていた。

八月十二日、中川隊は、大坂に着くが、徳川軍は、すでに〝上杉討伐〟に出発した後であった。

三成の挙兵により、東へ進めない中川隊は、京都伏見で足止めを余儀なくされていた。したがって〝関ヶ原の戦い〟にも参戦できない状況であった。その中川隊に、関ヶ原での徳川勝利の報が入った。

中川隊は、この報せを直ちに岡の秀成に伝え、徳川氏への忠誠の証を立てるため、部隊を大津まで進めて、家康の京都入りを迎え戦勝を祝した。家康はこれを快く受け入れ、中川隊に食糧を与えたという。

石垣原の誤解による痛手

一方、幽閉中で当時は京都にいた大友義統は、西軍の毛利輝元などにそそのかされ、豊後国で大友氏旧家臣の結集を図り、大友家再興を掲げて西軍の旗を揚げたのである。結果、〝関ヶ原の戦い〟と同じ年の慶長五年（一六〇〇）九月十三日、東軍の黒田如水と速見郡で対決する〝石垣原《ばる》の戦い〟に突入した。

この時、旧大友家臣より、秀成に取り立てられていた田原紹忍《たはらじょうにん》と宗像掃部《むなかたかもん》は、大友軍に参加するとともに偽の中川氏の旗を掲げ、「中川氏は西軍に付く」との流言を流した。このことが、如水を通じて東軍の家康に報じられた。

戦いは黒田軍の圧勝に終わったものの、窮地に立たされたのが、前述した東軍の加勢に駆けつけ、大津に留まっていた中川平右衛門長祐以下六〇〇の兵たちであった。如水からの報せにより、家康は秀成裏切りの疑念を抱き、それまで好意的であった中川隊への態度を一変させ、冷たい態度となった。食糧支給すら止められる始末で、中川隊は大坂を後にせざるを得ない状況となった。

この間、家康の誤解を解くべく秀成は、宗像小助《こすけ》、中屋宗悦の二人を家康の下に遣わし、懸命に弁解に努めたが、家康はこれを聞き入れなかった。

　秀成は東軍の誤解を解くため、西軍で石田三成の無二の忠臣・豊後臼杵《うすき》城主の太田政信《おおたまさのぶ》討伐を決意した。秀成は慶長五年九月二十八日、臼杵城の南にある無礼山（現・臼杵市）に陣を敷いた。船奉行の柴山勘兵衛重成は四〇〇余りの兵で、海岸を通って太田軍が守りを固める佐賀関《さがのせき》★に出陣した。

　家康に裏切りの疑いをかけられ、大津に留まっていた中川平右衛門、吉田喜太郎、柴山両賀ら六〇〇人は帰郷を決意し、九月二十四日、尼崎を出て、十月一日に深江（現・大分県日出町）に上陸し、そのまま佐賀関へと兵を進めた。

　同月三日、戦いの火蓋は切って落とされた。一番手が柴山両賀・勘兵衛隊、二番手が吉田喜太郎隊、三番手が中川平右衛門隊で、佐賀関を目指した。

　これを迎え撃つのは、太田軍の加島平左衛門隊九〇〇だった。

　中川軍は、地理不案内のため苦戦を強いられ、二日間にわたって、白兵戦が展開された。

　早吸日女《はやすいひめ》神社の放火により、さらに戦いは激しさを増した。中川軍の死者二三〇人、負傷者二〇〇人余り、太田軍は七〇〇人を超す犠牲者を出すという激戦であった。特に中川平右衛門、柴山両賀をはじめとする中川歴代の武将を失う結果は、中川氏にとって大きな痛手となった。

　六日、臼杵城に迫った中川軍は、総攻撃の態勢を取るが、〝関ヶ原の戦い〟で

▼佐賀関
現・大分市佐賀関町。大分市東部の佐賀関半島の先端に位置する。

の西軍の敗北を悲観してか、政信はもはやこれまでと城を抜け出て、高野山（現・奈良県）へと落ち延び、臼杵城は開城された。

この戦いは、中川氏が東軍側、すなわち徳川方であることを明確に印象付ける結果となった。徳川方はこの功績により、〝石垣原の戦い〟における秀成に対する疑いを解き、臼杵城の城番を命じた。

翌慶長六年四月十六日、徳川方は秀成に対し、岡六万六千石の領地を認める朱印状★を与え、名実ともに徳川体制の下で岡藩主として認めたのである。

余談であるが、黒田氏に徳川方に告げ口された形になった中川氏は、〝石垣原の戦い〟以降、黒田氏との交流はもとより文通さえ禁じる断交状態となった。その断交状態が解消されるのは、八代久貞の時代になってからである。両藩の間を取り持ったのは、天明八年（一七八八）に行われた茶道交流であったという。実に百八十八年もの間、断交が続いたことになる。中川家にとって〝石垣原の戦い〟を発端として始まる〝臼杵攻め〟が、いかに痛手であったかがうかがえる。

▼朱印状
安堵された土地や政務、法令、軍事などの文書に、花押の代わりに印章を押したもの。

これも岡

豊国

火国《ひのくに》（肥国）、豊国《とよのくに》などという呼称は『古事記』にも出てくるから、よほど昔から使われていたのであろう。七世紀の末になって豊国は豊前《ぶぜん》、豊後《ぶんご》に分かれた。

十世紀半ばに成立した法典で国々の格付けもしている延喜式の等級では、豊前国、豊後国いずれも上国である。

豊国は古代から豊かな国であった。現在の地域では福岡県の東部、大分県のすべてが豊国に当たるが、ここは古代から金、銀、銅、鉛、錫《すず》、石炭（これは戦国期からだが）などの鉱物資源に恵まれ、平野部では米、山間部では漆、シイタケ、梅、山菜などの山の幸、木材、竹がよく穫れた。川の幸では鮎、スッポン、山女《やまめ》、鯉、川蟹などが、沿海では鯛、鯖、鰺、フグ、ハモ、車エビなどが、それも現在ではブランドものといわれるほどの優良品が水揚げされている。まさに豊かな国なのである。

稲葉川

戦国時代、豊後国を本拠にしていた大友氏は一時、全九州をうかがおうとする勢いを示したが、その力の源泉は物産の豊かさにほかならない。

天下を統一し大坂を本拠にした豊臣秀吉は大友義統《よしむね》の朝鮮の役での過失をとがめ、大友家を取り潰し豊後を小大名分立の地にしたが、その大きな理由はこの豊かな国に大勢力を置きたくなかったからに違いない。

豊後から大坂は一突きできる。古代から豊国は畿内の影響を強く受けていた。瀬戸内海を通れば一直線の近い距離なのである。江戸幕府も経済の中心地大坂を守るために秀吉のこの政策を踏襲し、豊後は小藩分立の地となった。

昭和の後半、大分県は〝一村一品運動〟で名を知られることになったが、その成功の大きな原因は古代から各地で多様な産品がとれたこと、そして小藩分立の故に、それら独自の物産が各地で孤高を保ち引き継がれてきたことにある。

これも岡

夭逝の作曲家・瀧廉太郎

「岡城のあった竹田」と言われてもピンとこない人もいるのだが、そういった人に、『荒城の月』の舞台となった所ですよ」と続けると、大体の人が「ああ！」と反応をしてくれる。

日本人に膾炙しているこの不朽の名曲は、明治四年（一八七一）に仙台で生まれた詩人・土井晩翠の作詞、竹田で少年期を過ごした瀧廉太郎の作曲によるものである。

瀧廉太郎は、明治十二年八月二十四日、東京市芝区南佐久間町(現・港区西新橋)で、旧日出藩（現・大分県日出町）の名門出の父吉弘、佐賀関（現・大分市佐賀関町）の神社に生まれた母マサとの間に誕生した。

吉弘は、廃藩後は内務省などに勤務後、明治二十二年に退官して大分郡長、同二十四年から直入郡長となったため、廉太郎は竹田の地で多感な少年時代を過ごすこととなった。この時の思い出が、「荒城の月」のメロディに強い影響を与えているのである。

荒城の月
土井晩翠　作詞
瀧廉太郎　作曲
Andante.
mf
はるこうろうの　はなの　えん
めぐるさかずき　かげさして
ちよのまつがえ　わけいでし
むかしのひかり　いまいずこ

東京音楽学校予科に進み、音楽の才能を開花させた廉太郎はドイツへも留学。しかし身体を壊し、帰国、療養したがその甲斐もなく、明治三十六年六月二十九日、大分市稲荷町にて死去した。二十五歳であった。

瀧廉太郎記念館正門

廉太郎の作曲には「箱根八里」「鯉のぼり」「雪やこんこん」など、現在まで歌い継がれている曲も多く、歌う時のピアノ伴奏を試みたのも廉太郎であったという。

竹田市では、現在でも、毎年十一月一日に、「瀧廉太郎を偲ぶ音楽祭」を竹田市文化会館で開催している。

⑤ 難攻不落の岡城と京風の城下町

中川秀成が新しく城主となった岡城は、難攻不落の名城として天下に名を轟かしていた。秀成は、入封と同時に岡城をさらに近代的にするべく再建に取りかかり、並行して、京風の城下町づくりに着手した。

中川家入封までの岡城

中川氏が藩主を務めることになった岡城の歴史に話を移すことにする。

岡城は、海抜三二五メートルにあり、二三・四ヘクタールの広大な面積を有する。合流する大野川支流の稲葉川と白滝川が阿蘇溶岩台地を浸食して削り取り、深い渓谷を形成した舌状台地にある。四面絶壁の天然の要塞で、城の姿が、悠然と横たわる牛の姿に似ているため、〝臥牛城《がぎゅうじょう》〟とも称された。

岡城の始まりは、平安末期の文治元年（一一八五）に大野郡緒方庄《おがたしょう》★の土豪・緒方三郎惟栄《さぶろうこれよし》が、源氏と平氏の戦い〝源平合戦〟を終えて、源頼朝《みなもとのよりとも》と仲違《たが》い状態にあった源義経《よしつね》を迎え入れるために築いたといわれている。しかし惟栄は大物浦《だいもつうら》（現・兵庫県尼崎市）で捕らえられ流罪となり、義経も平泉《ひらいずみ》で自害し、義経

▼大野郡緒方庄
現・豊後大野市緒方町周辺。

の岡城入城は夢と終わった。

その後、岡城は、豊後守護大友三大氏族の一人志賀《しが》氏の居城となった。岡城を居城とした理由は、前述したように城が天然の要塞であること、城を中心に周辺地域の尾根が集合・交差する場所にあり、地域を放射線状に統治できるという地の利があったことなどが考えられる。

志賀氏の岡城の歴史の中で特記しなければならないのは、天正十四年（一五八六）の豊薩戦争《ほうさつせんそう》である。島津義弘《よしひろ》率いる島津軍三万七〇〇〇の大軍が岡城を襲った。迎え撃つ十七代親次《ちかつぐ》の兵はわずか一〇〇〇人。親次は、島津軍の三度にわたる攻撃を撃退し、島津軍の進出を阻んだ。この時親次は、弱冠十八歳。豊臣秀吉は、これを大いに喜び感状を与えた。以後、岡城は軍事的拠点としての名を高め〝難攻不落〟の城と称されるようになった。

親次は、歴代の志賀氏の中において若き名君と評された。豊薩戦争の功績はもとより、早くより臼杵からキリシタン文化を導入するとともに、自らも洗礼を受け、ドン・パウロの洗礼名を名乗った。また、城郭の整備、挟田《はさだ》・十《そう》川に城下町を設けるなど、後世に語り継がれる実績を残した。

文禄二年（一五九三）、豊後大友氏が、〝文禄の役〟の失態により領地を没収されたことに伴い、その配下の志賀氏も領地を失い、初代城主貞次《さだつぐ》から十七代親次まで、約二百六十年にわたる志賀氏岡城の歴史は、閉じられたのである。

緒方惟栄館跡

そして、文禄三年、豊臣秀吉に移封を命じられた中川秀成が城主として入封して来るのである。

再建された岡城充実の歴史

文禄《ぶんろく》三年（一五九四）、〝赤岩事件〟を経て岡に入封した中川秀成は、志賀氏の居館を仮の住居とし、早速、本格的な城塞建設に入った。

建設に当たっては、縄張り役すなわち築城設計者に石田鶴《つる》右衛門《えもん》、三宅六郎兵衛《みやけろくろうべえ》を任じた。縄張りの結果を得て、本丸を天神山に置き、天神を城の鎮守とし、岡村に西の丸や侍屋敷を建設することとして整備が進められた。

城の出入り口は、それまで大手口《おおてぐち》であった下原口《しもばるぐち》を搦手《からめて》口とし、新しい大手口は城の西側に築かれた。その後、西の丸北側の近戸谷に向けて、近戸口が設けられ、城門は三つとなった。

この普請での奉行は、前述の縄張り奉行のほか、石垣普請奉行に山岸金右衛門《きんえもん》重定《しげさだ》、石引奉行に桜井五兵衛利之《ごへえとしゆき》、普請中の警備に野尻伝兵衛貞秀《でんべえさだひで》・村上太郎兵衛らが起用された。そして石垣普請には、穴太伊豆《あのういず》らの技術集団を大坂より呼び寄せたと記録されている。

城の基本計画である縄張りや、石材の搬出、石垣普請などには当時の最新の技

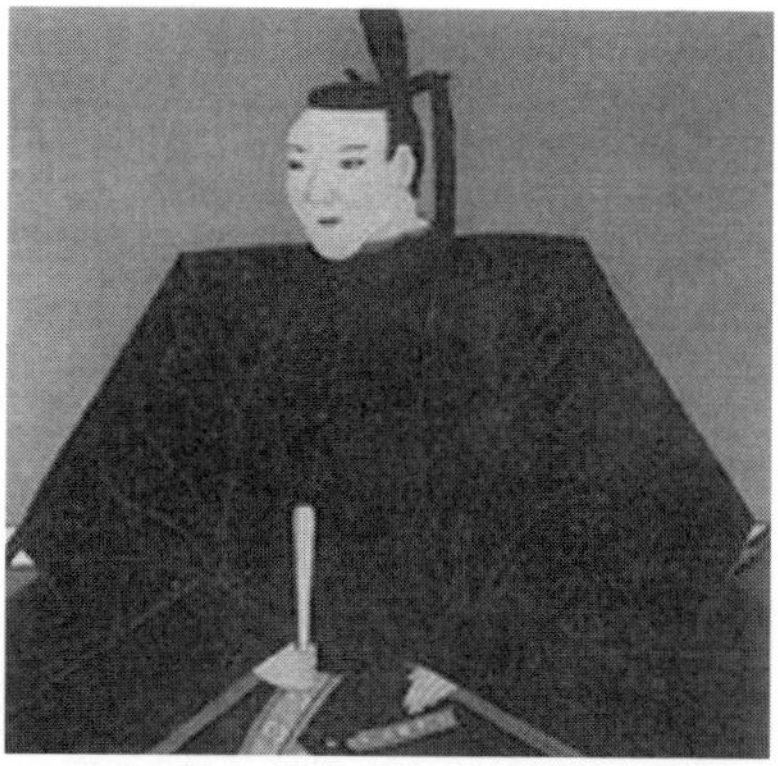
中川秀成（個人蔵）

術が用いられた。
特に穴太伊豆が率いる技術集団は、〝穴太衆《あのうしゅう》〟と呼ばれ、四〜五世紀に日本にやってきた渡来人といわれている。大小の自然石を巧みに組み上げる〝穴太積み〟の技術は、比叡山の堂塔《どうとう》伽藍《がらん》構築で培われたという。その技術をもって、安土城《あづちじょう》、伏《ふし》見城《みじょう》、金沢城《かなざわじょう》、彦根城《ひこねじょう》、熊本城《くまもとじょう》など名だたる名城の石垣を積んだ日本一ともいえる石工集団である穴太衆を、辺地の岡に呼び寄せた秀成の、岡城建設にかける思いが察せられる。

また、岡城の大手門をはじめ各所に〝かまぼこ石〟と呼ばれる塁壁が見られるが、これは、全国の他の城には見られない岡城独特のものである。その各所に南蛮模様が刻まれており、明らかに西洋の築城技術が持ち込まれたものと思われる。併せてこれだけの規模の石垣を山城にめぐらせた城は、日本においては他に見ることができない。むしろ、アルハンブラ宮殿（スペイン）、ザルツブルク（オーストリア）などの西洋の古城を思い浮かべさせられる。

その佇まいは、キリシタン大名であった秀成が、宣教師などから得た知識を反映させたものとすると理解しやすいように思

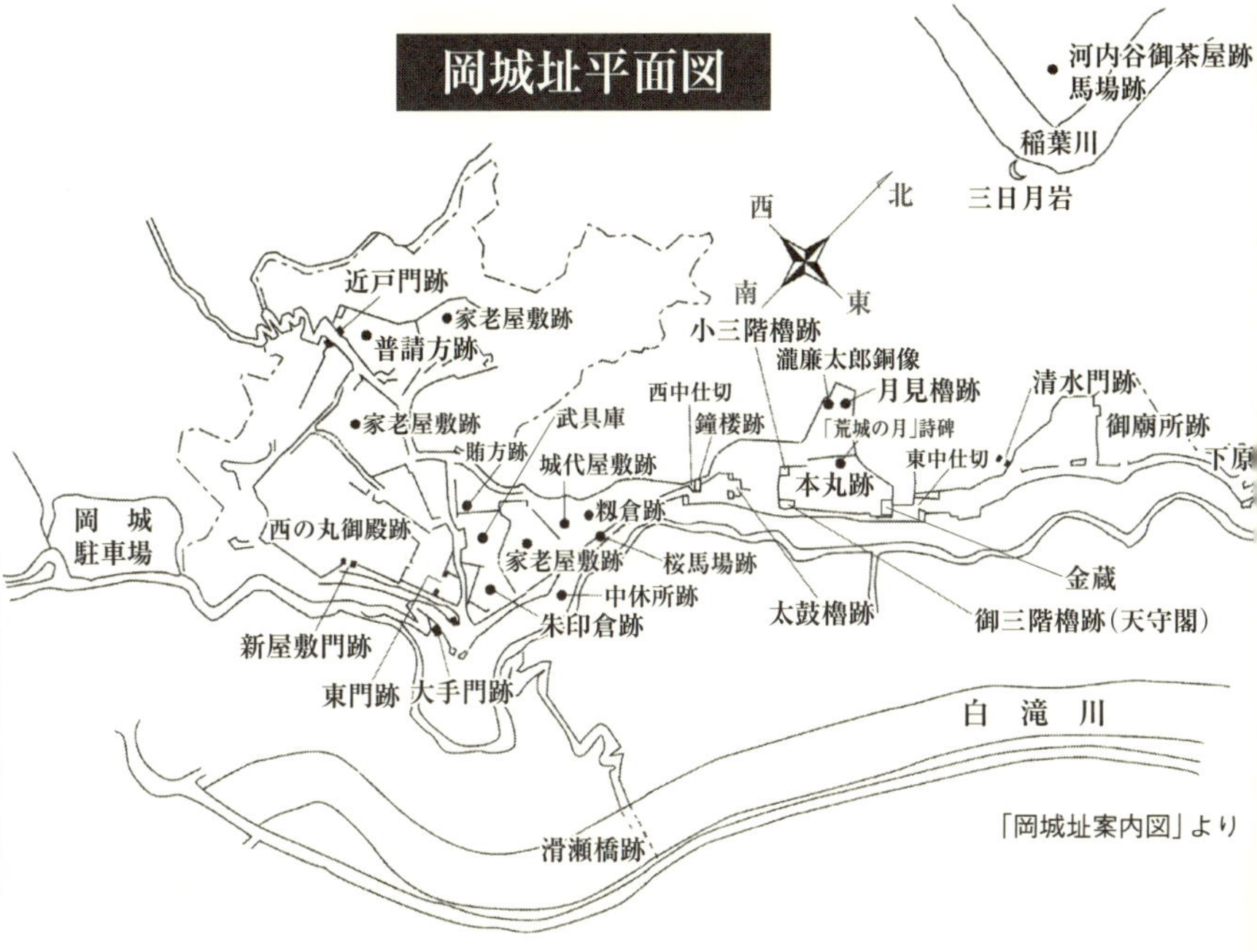

「岡城址案内図」より

う。いずれにしても三木の地を追われた秀成が、岡の地にキリシタン王国の理想郷を夢見て、その拠点となる岡城建設に寄せる並々ならぬ思いが伝わってくる。

そして現存する城郭がほぼ形成されたのは慶長元年（一五九六）であった。この時普請が行われたのは、前述三門のほか、本丸、二の丸、三の丸、桜《さくらの》馬場《ばば》周辺が中心であった。

慶長元年（初代秀成）に一応の完成を見た岡城であったが、その後再三にわたって整備工事が行われている。中川氏時代前半の主な整備工事を列挙しておこう。

慶長十八年（二代久盛）、古大手門が、現在の位置に付け替えられた。この付け替えについては、秀成の知友で築城の名手加藤清正の助言があったといわれている。

元和《げんな》四年（一六一八・二代久盛）、岡城北方に愛宕《あたご》社と願成院が建立された。

承応三年（一六五四・三代久清）、岡城の本丸御門《ほんまるごもん》、太鼓門《たいこもん》、大手門《おおてもん》、近戸門、下原門《しもばるもん》のそれぞれの門番を侍番とするよう久清が命じ、警備体制が充実した。

寛文三年（一六六三・三代久清）、久清は西の丸に御殿《ごてん》を造るよう命じ、翌年十一月に完成した。

同六年（三代久清）、西の丸に藩主の子息が居住する新屋敷御殿《しんやしきごてん》が完成した。これにより、藩主の生活空間は、本丸から西の丸に移動した。

貞亨二年（一六八五・四代久恒）、城内に裁許所《さいきょしょ》が完成し、翌三年に城西方の

岡城址入り口

三の丸跡より久住三連山を望む

山手に士屋敷が建てられた。

元禄八年（一六九五・四代久恒）、七人の医者が交代で桜馬場にある使者休憩所に詰めるようになった。

以上のように、慶長から元禄期（一六八八〜一七〇四）まで次々に整備が行われ、城の中心機能は本丸から西の丸へと移り、その充実を見た。

しかし、明和八年（一七七一・八代久貞）正月、足軽《あしがる》屋敷《やしき》より出火、西の丸御殿、本丸、二の丸、三の丸、御廟、下原門まで焼き尽くす〝明和の大火〟により、岡城は壊滅的な被害をこうむった。

そこで藩は、明和八年三月に幕府から七〇〇〇両を拝借して復旧に取りかかった。安永三年（一七七四）、本丸の御三階櫓が再建された。同八年九月に、本丸、二の丸、三の丸、西の丸が完成。

その後、各建造物の復旧普請が進められ、大方の再建がなったのは、復旧が始まって五十年余りが経過した文政十一年（一八二八・十一代久教）の西郭御門の完成の頃であった。この復旧後の岡城の姿が、明治維新後にも保たれることになる。

華麗なる〝臥牛城〟の城郭と施設

岡城は、前述したように稲葉川と白滝川に挟まれた舌状台地にある。この台地

稲葉川

で城郭として利用できるのは、東西二・七キロメートル、南北は最も狭小な所が幅五〇メートル、広い所で三六〇メートルという、東西に細長い地形である。こうした地形的に制約を受ける土地に、城の主要部分がいかに配置され、どのような機能を持ったか、その概要に触れてみる。

岡城の形状は、明和の大火ですべての建物が焼失したため、大火の前後で、建物に多少の違いが見られるものの、外観、機能など本質的には変わらない。ここでは、大火以降の城の主な建物の姿を追ってみる。

まず本丸は、北側に二重櫓《にじゅうやぐら》門、北西隅に本丸三階櫓、南西隅に望楼《ぼうろう》のある外観三層・内部四階からなる御本丸三階櫓、南東隅に金蔵《かねぐら》と鎮守社《ちんじゅしゃ》が建っている。内側は、藩主が生活する殿舎《でんしゃ》が建ち、内部には、御居間《おんいま》、御次《おんつぎ》の間《ま》、炉《ろ》の間《ま》、御鑓《やり》間がある。北側には、奥方の住まい、長局《ながつぼね》がある。

二の丸は、玄関より一五畳の部屋が三部屋連なり、書院《しょいん》、主室の吉野の間と続き、北側には小書院がある。その北側には、数奇屋《すきや》、鏁《くさり》の間、月見櫓《つきみやぐら》が建っている。全体に装飾が施されており、接客に使われたものと思われる。

三の丸は、西側に太鼓櫓《たいこやぐら》、南側に塩庫《しおこ》がある。玄関を入ると四〇畳の寄り付き、三〇畳の広間、さらに上《かみ》の間、次《つぎ》の間と続いている。藩主と家臣などとの対面の場として使われたものと思われる。

西の丸御殿は、表向きに玄関の間、広間上《うえ》の間、同二の間があり、東に公式の

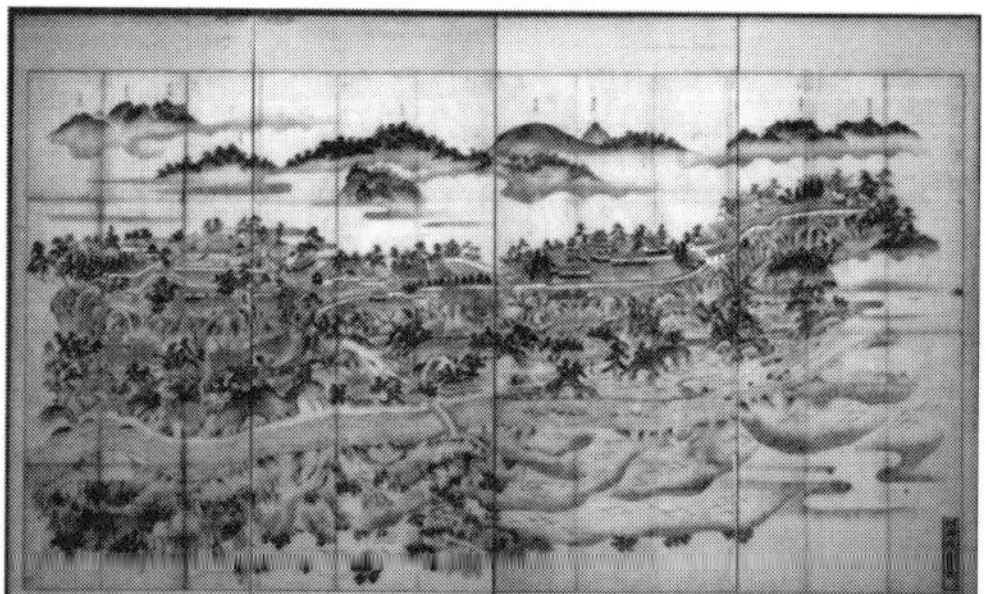
淵野真斎筆が宝暦年間に描いたと伝えられる「岡城真景図」（竹田市立歴史資料館蔵）

対面所となる山水《さんすい》の御間がある。玄関の西は、台所と奥向き御殿で、居間書院、御休息間、長局がある。岡城における主要殿舎であった。

外観三層・内部四階の御本丸三階櫓を取り囲む二の丸、三の丸の華麗な建築群。西の丸御殿へと続く見事な石垣のフォルムは、まさに久住《くじゅう》連山を背にして悠然と横たわる臥牛そのものであったであろう。

ここで前述以外の主な施設の概要を紹介しよう。

○総役所《そうやくしょ》

城代家老を中心に、藩政の総元《そうもと》占《じ》めを司る所。月番の家老、総頭取物頭《そうとうどりものがしら》、各奉行、代官、吟味役《ぎんみやく》、御銀方《おんぎんがた》などが出仕した。建物は、幅五間、★長さ一二間、中廊下があって、部屋は七つ。別に裁許所《さいきょしょ》、役人の控え所、御詮議《ごせんぎ》白洲の三棟があった。

○大手門

築城当初は、現在地より東側にあったが、朝日に向かっているため眩しく戦略上好ましくないとの加藤清正の進言により、慶長十八年（一六一三）に西向きに改められた。石垣の高さ三間、幅六間、櫓上に、先手物頭二人、組頭、馬廻、徒士などが詰めていた。朝は六時に開門、夕方は六時に閉門した。

○下原門《しもばるもん》

城の東北端にある門で、石垣の高さ約三間半、長さ五間の規模。その両側の

▼間
尺貫法の長さの単位。一間は六尺、約一・八一メートル。

豊後国岡城之図

石垣の上には櫓があり、門はかんぬき門で番所が二カ所あった。旧志賀氏時代は、大手門だった。

○朱印倉《しゅいんぐら》

祐筆《ゆうひつ》（今で言う秘書）の詰めていたところ。藩主の代筆をはじめ、公文書、藩士の任免、論功、知行《ちぎょう》増減のお墨付きなどを代筆した。また旧文書の保管も行った。

○武具庫《ぶぐこ》

幅四間、長さ九間、漆喰《しっくい》たたきの土間で、武具の修繕をする所。

○城代屋敷

藩主が江戸滞在中の政務に当たる、城代（留守）家老の詰め所。

○籾倉《もみぐら》

城内で使用する籾の貯蔵庫。籾は、原尻《はらじり》、井上（現・緒方町）で生産される御殿米が納められた。幅五間、長さ九間、高さ四間半の大きさで、床下は、厚さ五寸の漆喰で固められ、通風や虫除けが施されていた。

○桜馬場《さくらのばば》

大手門、朱印倉、城代屋敷、籾倉までの道の両側には、桜が植えられ、弓を射る馬場として使われた。

○鐘楼《しょうろう》

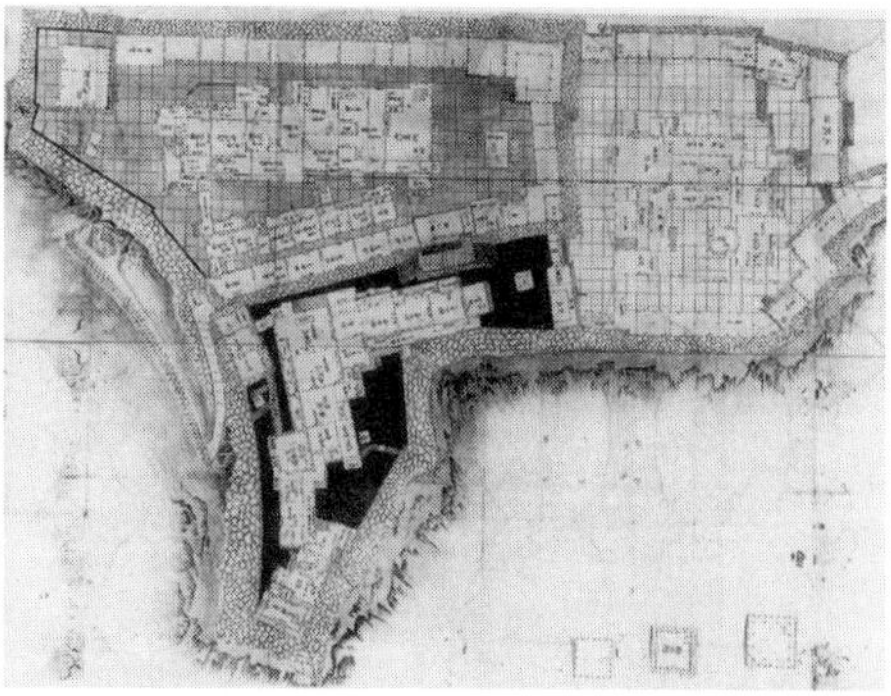

「本丸平面図」

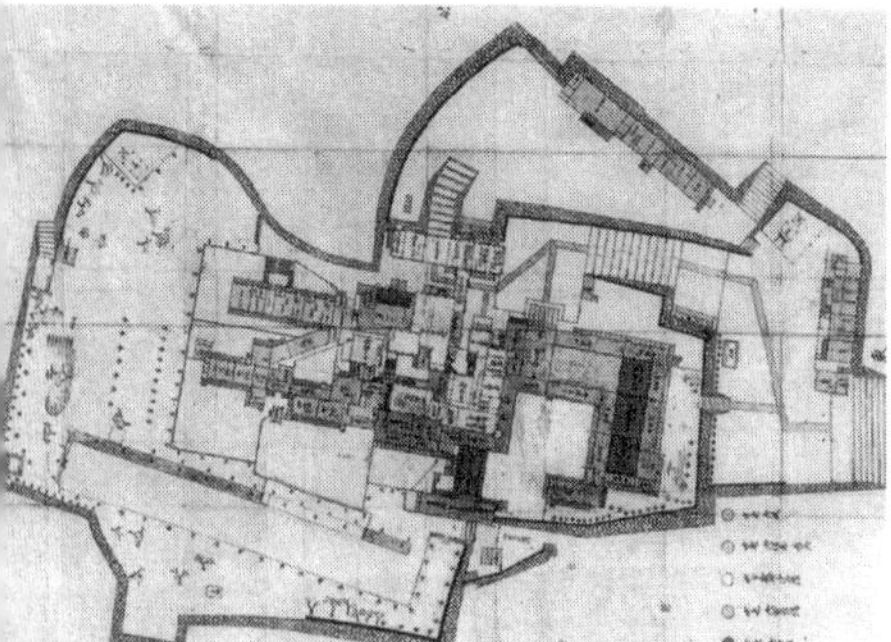

御郭御絵図」

銅鐘《どうしょう》を吊るし、火災や地震など災害時に打ち鳴らした。二階造り。

○太鼓櫓《たいこやぐら》

二階建て、時刻を知らせる太鼓を収めた櫓。

○二の丸月見櫓《つきみやぐら》

藩主、家老など側近が四季折々の名月を観賞した。遠く東に久住連山を望み、また西に阿蘇連峰を望む風光は格別だったであろう。

○金蔵《きんぞう》

軍用金の秘蔵庫。大判、小判、一朱金《いっしゅきん》、一分銀《いちぶぎん》などの硬貨のみが収められた。

○米庫《こめこ》

籾で納められた年貢米を白米にして貯蔵する蔵。

○塩庫

三佐（岡領、現・大分市内）で製塩したものを貯蔵した。

○御廟所《びょうしょ》

歴代藩主の位牌《いはい》を安置して、藩主らが礼拝する所。間口四間、奥行き五間半の平屋造り。

以上、主要施設について説明した。位置については、別添「岡城址平面図」（五七ページ）をご覧いただきたい。

かまぼこ石

太鼓櫓跡

受難に見舞われる岡城とその終焉

難攻不落を誇る岡城であったが、災害にはほとほと苦労させられたといっていいだろう。特に元禄期（一六八八〜一七〇四）以降は、度重なる災害に見舞われた。主な災害とその復旧について取り上げておこう。

元禄十一年（一六九八・五代久通）、大地震があり、中川将監屋敷など城内各施設、石垣が被災。同十四年十一月、幕府より外回り石垣の修理が許可され、同十六年十一月には石垣の修理を実施した。

宝永二年（一七〇五・久通）四月、大地震により城内外に大被害を受け、同年五月に幕府に届け出がなされた。この地震による石垣破損箇所は本丸、西の丸、大手門、近戸門の石垣など五三カ所に上《のぼ》った。

宝永四年（久通）、宝永二年の地震の傷も癒えぬ十月、さらに大きな地震に見舞われた。二の丸月見櫓が壊れたのをはじめ、城中の破損箇所は二〇〇カ所余り、桜馬場から下原門までの間の石垣のほとんどが壊れた。

明和二年（一七六五・八代久貞）十一月、西の丸より出火、近戸門、中川図書屋敷、中川外記屋敷などが焼失した。

明和八年（久貞）一月、足軽屋敷より出火し、本丸、二の丸、三の丸が焼失。

三の丸跡

幕府より七〇〇〇両を借り入れ復旧に当たり、安永三年（一七七四）、本丸が完成した。

寛政元年（一七八九・久貞）六月、十一月に大火災が起こり、城内外で被災した。

寛政十一年（十代・久貴）十二月、風雨、洪水により、城内外で被害を受けた。

文化元年（一八〇四年・久貴）八月、大風雨により櫓や門、塀の屋根が破損、侍屋敷の門二カ所が倒壊するなど、城内外に被害を受けた。

文政五年（一八二二・十一代久教）六月、大風雨と洪水で城内、侍屋敷に被害を受けた。

同十一年（久教）七月、大風雨と洪水で城内に被害を受けた。

天保六年（一八三五・久教）七月、大風雨と洪水で城内外に被害を受け、櫓、門、侍屋敷、土蔵などに被害。翌七年にも大風雨と洪水で城内外に被害を受けた。

嘉永三年（一八五〇・十二代久昭）、西日本を襲った大風雨により大被害をこうむった。

安政元年（一八五四・久昭）、〝安政南海地震〟により本丸が大破した。

といった具合に、被災と復旧の繰り返しであった。また自然状態でも石垣の歪みなどによる崩壊などの対応に迫られ、外部からの攻勢には難攻不落と呼ばれた名城・岡城も、災害による復旧、維持管理には相当の労力と財政的な負担を強いられたのである。

明治維新後の岡城は、明治二年（一八六九）、中川久成《ひさなり》が版籍奉還につき岡城を退去した。明治四年、廃藩置県となり、岡藩は岡県となり、久成が岡県知事になり、新政府への従順を示すため、岡城は取り壊された。さらに久成は、新政府から東京移住を命じられ、上京するに至った。これにより、岡城は文禄三年（一五九四）の入城以来二百七十年に及ぶ居城としての役目を閉じることとなった。

久成の上京で主《あるじ》を失った岡城の地は、荒れるに任せる状況であった。木々、雑草が生い茂り、各所で石垣は壊れ、西の丸や籾倉、朱印倉跡などは桑畑となり、見るも哀れな状態だった。伝えによれば、訪れるのは、狩人か学生の散歩か登山者ぐらいだったという。

のちに岡城は、名曲「荒城《こうじょう》の月」を通じて広く知られるようになるが、この曲の作曲者・瀧廉《たきれん》太郎《たろう》は、この時期の岡城をモチーフとしたといわれている。

荒れるに任せざるを得なかった岡城であったが、昭和七年（一九三二）に市民の手により公園化がなされ、昭和十一年に国の史跡に指定され、調査発掘や整備が進められた。そして史跡公園として今日に引き継がれている。

京風城下町づくりの夢

瀧廉太郎銅像（岡城址二の丸）

話を、文禄三年（一五九四）に戻す。

岡藩入封を果たした秀成は、早速、城の構築と併せて城下町の建設に着手した。移封の折、伊予の宇和島、淡路の洲本、豊後の岡の三候補地の中から、最も辺地の岡の地に決定する際、家臣たちや女性たちに示した「京風の町をつくる」という約束を果たすためもあったのだろうか、城下町づくりには築城と同時に早々に取りかかった。

当時の城下町は、城の行政・防衛施設の機能と商業都市としての機能を併せもつというのが一般的であった。したがって家屋を隙間なく配置し、城を見えなくしたり、道を鉤型《かぎがた》に曲げたり、わざと袋小路にしたりして、城への到達距離を延長するなど、敵の進軍を阻害する工夫が施された。

しかし秀成は、城下町に行政・防衛施設の機能をもたせず、合理的な碁盤目の商業機能に特化した都市づくりを行った。戦国の世においては、稀なことといえる。それは、岡城と城下町が離れているという位置関係にもよるだろうが、岡城が、十分な行政的な役割と防衛機能を備えており、城下町にその機能をもたせる必要がないという自信があったからであろう。

秀成は、城下町を碁盤目状に整備し、織田信長の安土城下、豊臣秀吉の大坂城下に見た商業の発展を遂げさせ、やがて町民文化の花が咲く、という理想郷を夢見た。

秀成が入封するまでの城下町は、岡城の東側にある挾田《はさだ》、十川《そう》にあった。秀成は、両地区は、規模の面、城下町としての機能の面で地形的制約を受け、発展が望めないと判断し、反対側の西側の竹田村に城下町を設けるよう決定した。

竹田村は、四方を山に囲まれ、村に入るには必ず隧道を通らねばならず、古来〝蓮根町〟と呼ばれてきた。村は、稲葉川が運び込む泥土がよどみ、深く堆積したむた★、すなわち耕作不能の湿地帯だった。

城下町づくりの奉行に任じられた丸山籐左衛門《とうざえもん》は、その湿地に排水工事を施し、埋め立て、林や藪を切り開いて東西五条、南北四条に道を走らせて区切り、整然とした区割りを行うという大工事を敢行した。

大方の造成ができ上がると玉来《たまらい》地区から五三軒、十川や挟田地区からも町家《まちや》を移した。ちなみに玉来地区は志賀氏支配の天正期の頃は、一七〇戸の商家、民家が建ち並ぶほどの繁栄を見せていたという。

こうした城下町づくりには多大な資金を要したが、これらについても前述した堺商人出身の柴山両賀が、侍屋敷の建設も含めて取り計らったという。

城下町の町筋は、碁盤目状に交差し、南側から見ると、上町《うえまち》、田町《たまち》、府内町、御小人《おこびと》町が東西に走る町筋上に並び、これに交差する南北の町筋として横《よこ》町、新町、本町で構成され、ほぼ後世に続く城下町の町並みが形成された。

この町並みに出入りするには、南部に久戸《くど》道、山川《やまがわ》道があり北東方向に七里口《しちりぐち》、

▼むた　九州で湿地帯を指す言葉。近世になって開発され、新開地をいうようになった。大牟田、中牟田、西牟田など、筑後川下流や佐賀に地名が多く残る。

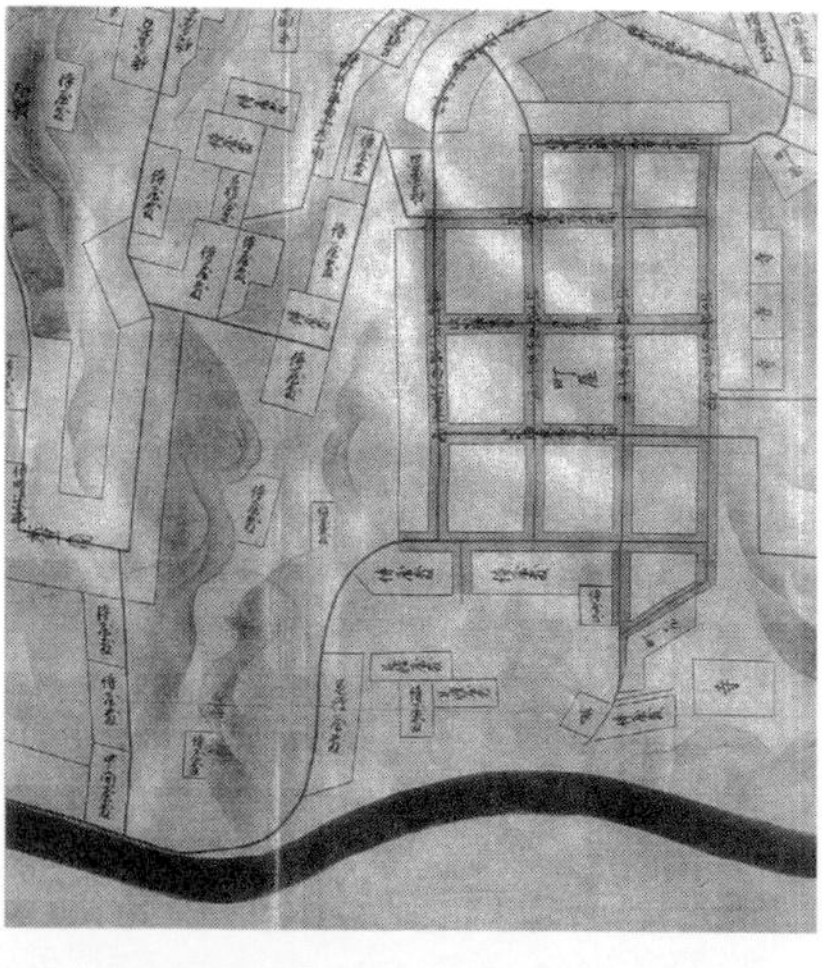
城下町絵図

北西方向には、古町出口《ふるまちでぐち》があった。久戸道と山川道は山越え道、七里口、古町出口は川越え道であった。城下町から距離を置く岡城に達するには、上町筋から東に小さな峠（岡神社）、五右衛門《ごえもん》谷を東に進み大手門に入る道と、七里口から近戸谷に入り近戸門に達する通路があった。

また本町の西側には光西寺《こうさい》、正覚寺《しょうがく》が、水路を挟んで豊音寺《ほうおん》、蓮昌院《れんしょう》などがあり、寺町を形成していた。そして吉野池《よしのいけ》の西北地域は百姓の居住地であったが、寛永七年（一六三〇）に町家に組み込まれ古町《ふるまち》となった。

寛永十三年（二代久盛）には古町の一角の裏町に、幕府の指示により鋳銭所が設けられたが、この時期の古町は民家が散在する程度の町であった。その後、寛文四年（一六六四・三代久清）に侍屋敷の地割りが行われ、町並みが整い始めた。この頃から、竹田村全体が城下町としての機能を発揮し始めたとみていいだろう。

延宝三年（一六七五・四代久恒）十月には時報を告げる鐘が鳴り始め、元禄九年（一六九六・五代久通）には、七カ所に町の出入りを管理する口番所が設けられ、警備体制が整った。

竹田が城下町らしい体裁を整えたのは、元禄年間に入ってからとみられる。つまり「京風の町をつくる」という初代秀成の念願にかなう城下町が形成されるのには、約一世紀の歳月を要したのである。

光西寺

入部当時の家臣団

文禄三年（一五九四）、大船五〇隻に乗り、四〇〇〇名が悠々豊後国入りし、岡に入封したことについては前述した。その折「御入国御供姓名」に記された知行取り家臣の内訳は、

千石以上　　六人
五百～千石　　一八名
三百～五百石　三一名
二百～三百石　二〇名
百～二百石　　五八名
百石未満　　　六名

の計一三九名である。これに与力三六〇人が配置された。その知行高は、総計で四万七千六百二十石であった。

この時期は、岡城建築、城下町建設、検地を除いた役職は、はっきりしない。戦闘への派遣、お手伝い普請などについては、その都度臨機応変に組織作りがされたものと思われる。

これが、約二百五十年後の文政七年（一八二四）、「岡藩中川家中武鑑」に記さ

れた記録では、家臣の数が一九八名に増加しているのに、知行総計は四万五千三百八十石に減少しており、時代を経て、家臣数は増加し、逆に知行総高は減少し、家臣一人当たりの知行が大幅に減少していることがわかる。

岡藩歴代藩主と中川氏略系図

代	姓名	就任	退任
①	中川秀成	文禄3年2月	慶長17年8月
②	中川久盛	慶長17年8月	承応2年3月
③	中川久清	承応2年5月	寛文6年4月
④	中川久恒	寛文6年4月	元禄8年6月
⑤	中川久通	元禄8年8月	宝永7年2月
⑥	中川久忠	宝永7年4月	寛保2年10月
⑦	中川久慶	寛保2年12月	寛保3年10月
⑧	中川久貞	寛保3年12月	寛政2年5月
⑨	中川久持	寛政2年7月	寛政10年9月
⑩	中川久貴	寛政10年11月	文化12年9月
⑪	中川久教	文化12年9月	天保11年9月
⑫	中川久昭	天保11年12月	明治2年9月

（══は養子）

清秀《きよひで》（賤ケ岳戦死）
— 秀政《ひでまさ》（朝鮮にて戦死）
— ①秀成《ひでしげ》（秀政弟・天正二十年家督相続）
— ②久盛《ひさもり》（承応二年三月没）
— ③久清《ひさきよ》（天和元年十一月没）
— ④久恒《ひさつね》（元禄八年六月没）
— ⑤久通《ひさみち》（宝永七年二月没）
— ⑥久忠《ひさただ》（寛保二年十月没）
══ ⑦久慶《ひさよし》（浅野綱長十六男・元文二年養子・寛保三年十月没）
══ ⑧久貞《ひささだ》（松平信祝二男・寛保三年十一月養子・寛政二年五月没）
— ⑨久持《ひさもち》（久貞孫・寛政十年九月没）
══ ⑩久貴《ひさたか》（柳沢保光五男・寛政十年十月養子・文政七年十月没）
══ ⑪久教《ひさより》（井伊直中三男・文化十二年正月養子・天保十一年九月没）
══ ⑫久昭《ひさあき》（藤堂高兌《さわ》二男・天保十一年十月養子）

これも岡

岡の風物詩

岡藩城下町雛まつり

平成十一年（一九九九）が第一回と歴史は浅いが、江戸時代をはじめ各時代の様々な雛人形を見て歩ける。商店街に飾られた二〇〇〇本の竹雛（写真）やギャラリーでの展示など、町を挙げての名物行事となっている。二月上旬から三月中旬に開催。

扇森稲荷神社初午大祭

日本十大稲荷に数えられる扇森稲荷神社は「こうとうさま（狐頭様）」と呼ばれ、商売繁盛の神様として親しまれている。神楽の奉納もあり、多くの観光客で賑わう。三月上旬に催される。

岡城桜まつり

四月上旬、戦国時代の甲冑武者揃えや華やかな大名行列などが、桜の下を練り歩く。規模の大きさと衣装が本格的なことでも有名で、特に大名行列は史実に基づいて再現されている。

荻神社ゆたて神楽

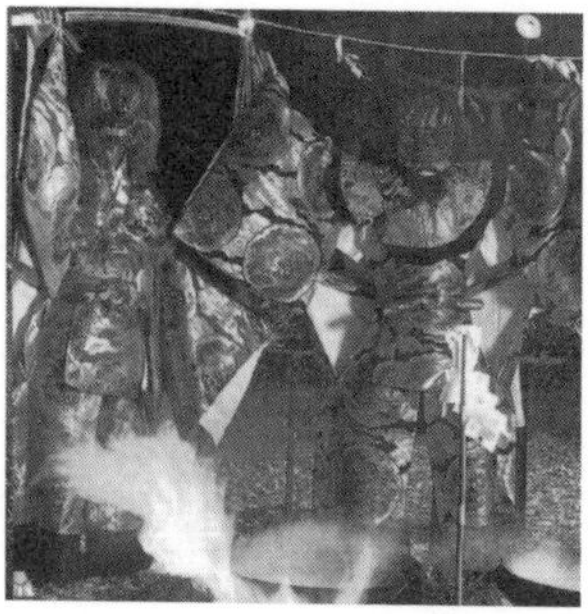

大鍋に沸かした湯を笹の葉で撒き散らすという独特の神事。飛び散った湯が当たると病を祓い長生きできるとされる。祓いの動作はあるが舞うことはせず、この点でも珍しい。四月二十六日に行われる。

善神王祭《ぜじんのうさい》

三百八十年の歴史をもつ岡神社の例祭（九月上旬）で、豊作などを祈る。火で三層天守閣を再現する小松明《たいまつ》の櫓は見もの。

第二章 藩政の基礎づくり

合議制重視の三代久清は諸法を制定、領内支配のため千石庄屋を設置。

1　諸藩法と体制の整備

秀成は、城や城下町の整備に加え、幕府の出兵要請、お手伝い普請にも応じなければならず多忙を極めた。併せて急務だったのは、諸々の藩法制定、機構、体制づくりなど、内政の整備であった。これについては、初代秀成、二代久盛と整備が進められ、その充実をみたのは三代久清の時代になってからである。

藩法制定

〝大坂夏の陣〟に勝利するやいなや、元和元年（一六一五）、二代将軍秀忠《ひでただ》は、諸大名を伏見城に集め、幕藩体制の基本方針となる「武家諸法度《ぶけしょはっと》」を発布した。「文武弓馬ノ道、専ラ相嗜《あいたしな》ムベキ事」（文武をたしなむべきこと）に始まる一三カ条の法度には、〝居城補修の届け出制〟、〝婚姻の許可制〟などが定められた。この諸法度は、「元和令《げんなれい》」と呼ばれた。

三代将軍家光は、寛永十二年（一六三五）、前述一三カ条に、参勤交代制度、大船建造の禁止などを付け加え、一九カ条からなる「寛永令《かんえいれい》」を発令し、着々と幕藩体制を整えていった。

さらに慶安二年（一六四九）には、農民統制を目的とした「慶安御触書《けいあんのおふれがき》」を発して幕藩体制の基盤となる農村および農民支配体制の強化を図った。
慶長六年（一六〇一）、徳川方から岡六万六千石を安堵され、岡藩主として認められた秀成は、入封以来取りかかっていた岡城建設、城下町づくりを推し進めた。併せて、農村支配については、旧志賀氏のもつ地域支配能力と人望を利用するいわゆる懐柔策をとって、支配体制づくりを進めた。これには、領民の多くがキリシタンであったことも、懐柔策をとった理由に挙げる郷土史家もいる。その一方で慶長三年、同九年の二度にわたり検地を行い、藩政の基礎づくりを行った。検地については、後で詳しく述べることにする。

秀成は慶長十七年八月十四日、四十三歳で逝去した。三木から岡への移封、朝鮮出兵、臼杵攻め、岡藩主就任、岡城建設など、波乱に満ちた人生だった。

同年、初代秀成の跡を継ぎ、二代目藩主となったのが長男久盛である。久盛が就任した早々の慶長十九年に〝大坂冬の陣〟、翌元和元年〝大坂夏の陣〟が勃発。当然ながら久盛は、幕府方として出陣した。この戦いで勝利した徳川幕府政権は、磐石のものとなった。

久盛には、徳川幕府の法整備にならって、藩内の行財政の多岐にわたる整備が求められた。そこで、寛永二年（一六二五）、岡藩の初めての藩法「御政事《ごせいじ》御《お》定《さだめ》書《がき》」二三カ条を定めた。内容は、藩の財政の確立を目的としており、年貢に関する諸事、役人の規律、帳簿の厳正、百姓の無断移動の禁止、農村への定着など細かく定め、入封当初取った懐柔策から、次第に統率への締め付けを厳しくしていった。

久盛は、徳川幕府発足以来、次々に改易、移封されていく大名たちを目にしたこともあって、きわめて幕府に従順な態度を取った。幕府の城普請手伝い、参勤交代のさきがけとなる毎年の将軍拝謁、豊後街道（肥後街道）の今市★における幕府役人の接待などである。久盛は、承応二年（一六五三）、五十九歳で逝去した。在任期間は、三十九年と比較的長かった。

三代藩主となったのが、二代久盛の長男久清である。久清は、より統制を強めるため、明暦《めいれき》三年（一六五七）、六九カ条による本格的な〝御法度《ごはっと》〟を公布し、直入、大野両郡の郡奉行の手により、百姓に趣旨を徹底させた。

法度には、百姓の領外逃亡に対する処置、百姓の衣食や生活の規定、年貢納入の時期の厳守および割り当て年貢の完納、村民同士の相互扶助などを細かく定めた。この内容は、大庄屋の下に組中の小庄屋や村役人を集めて趣旨を徹底させるとともに、小庄屋では村人に趣旨を読み聞かせその徹底が図られた。

その後、時代、社会経済の変化などを踏まえて適宜に法度は変更された。

ここまで秀成、久盛、久清の三代にわたる藩法制定の概要について触れた。岡藩の幕藩体制は、この三人の藩主により基礎が築かれたといっていいだろう。次にその藩法に基づき、どのような体制整備が行われたかを項目ごとに追ってみよ

▼今市
現・大分市今市。

う。

合議重視の家中構成

三代久清は、承応三年（一六五四）、本格的な行政組織の整備を行った。家老職以下、諸奉行、その下にさらに各種の奉行を置いて、職務の明確化を図るとともに各役職による独断専行を禁じ、合議《ごうぎ》によって決裁するように命じた。

それぞれの分掌は、

○家老①藩主の下、藩政を指導総轄する最高責任者。
　②奉行からの相談を受ける。
　③奉行が決定できないことなどを合議の上で決定する。
　④城代のほかは月番で藩政を分掌する。
○奉行（一人）公事《くじ》（訴訟）について郡奉行《こおりぶぎょう》、横目《よこめ》と共に裁許する。
○郡奉行（一人）①田畑免相《めんあい》（年貢率）の決定、貸米《かしまい》、貸銀《かしぎん》の決定、キリシタン改めなど、年貢徴収と農村支配の徹底を図る。
　②年間の裁決事項は記録の上、毎年報告する。
○勘定奉行（二人）①与力《よりき》二人を配置。
　②年貢の算出をはじめ、藩財政を司る。

③銀子《ぎんす》奉行、城の賄方《まかないがた》、江戸賄方、三佐入用、銀山方の元締め。

○町奉行（二人）①与力二人を配置。

②横目と共に町中の公事、そのほかの裁許と城下の寺社の監督をする。

③年間の裁許事項を記録し、毎年報告する。

○代官（一一人）①各代官に与力を二人ずつ配置。

②大野、直入二郡の村々を一〇組に分け、それに大分郡を一組として、合わせて一一組に一名ずつあてる。

③管下の農村支配と年貢徴収に従事する。

家中構成については、時代、社会経済の変遷により、組織形態、構成人数などの変更などが行われたが、いずれも久清が定めた組織を基本とするものであった。

重臣団の変遷

中川家の重臣層については、中川氏が岡へ入封前より、田近、古田、戸伏、熊田の四氏が老職にあった。この四家は、岡入封後、中川の姓を賜わり、中川某と表記されるため、本書では中川に続けて（　）で旧姓を入れることとする。

初代秀成、二代久盛の時代の老職は以下の如くに引き継がれていった。

・中川（田近）平右衛門長祐―嫡男遠江長種―嫡男玄蕃長房―嫡男平右衛門長伸―
　　└二男主馬―養子又左衛門長高
・中川（戸伏）備後―嫡男加賀―養子九郎兵衛三種―
・古田平治重続―弟喜太郎重則―（中川姓を冠す）重続嫡男左馬允重直―嫡男藤兵衛重治―
・中川（熊田）大隅資政―嫡男隼人資重―嫡男助兵衛資弘―嫡男頼母資長

この四家のうち、中川頼母資長（熊田氏）は二代久盛の時に、暇を出されて老職の立場から離れ、その後再び表舞台に登場することはなかった。暇の理由については定かではないが、岡に落ち着いた中川家が内政の安定化を図る中で、発言力を増してきた古参の重臣層への釘さし・牽制の意味があったのであろう。

そして三代久清の時代に、重臣層に大きな変化が生まれる。久清の嫡男久恒が藩主を襲封し、久恒の弟たちが老職に入るのである。

久恒時代の老職は、古参の三家、

・田近系（平右衛門長伸――将監長昌）
・戸伏系（蔵人三英――助之助三長――靭負三重）
・古田系（藤兵衛重治――勘解由重武）

に加え、

・久清二男中川求馬久豊

・久清四男中川図書久和
・久清五男中川右近久旨
・久清七男中川主馬久周

が新たに家を興し、その職に就いている。そしてこの首脳部の体制は幕末まで維持された。ただし、「一代老職」として例外的に抜擢される人物もいて、その一例としては、天明期の井上主水左衛門並古がよく知られている。

久清とその子

三代藩主 久清

- 四代藩主 久恒
- 夏（女子／松平大蔵大輔菅原正甫室）
- 兼（女子／家臣田近喜八郎良武室）
- 中川求馬久豊 老職
- 中川清五郎清正（早世）
- 中川図書久和 老職
- 中川右近久旨 老職
- 中川清八久矩（十三歳で死す）
- 睦（女子／二歳で死す）
- 井津（女子／三歳で死す）
- 中川主馬久周 老職

②農村支配と千石庄屋

米の生産高を調査する検地は、藩の経済を支える生命線といえるものだった。五〇〇にも及ぶ村で構成された岡藩は効率的な支配を行うため、庄屋と千石庄屋を置いたが、千石庄屋には多くは旧志賀家家臣が当てられた。

岡藩の領域が確定

岡藩は、九州の中央部に位置し、阿蘇外輪山東麓地域を水源として、別府湾に注ぐ大野川の上・中流域に広がる地域である。江戸時代後期に編纂《へんさん》された『豊後《ぶんご》国志《こくし》』には、「地勢は東西に短じかく、南北に長い、東は大野郡三宅《みやけ》郷挟田村《はさだむら》より、西は肥後国阿蘇郡《ひごこくあそぐん》界の柏原《かしわはら》郷の添ヶ津留《そえがつる》村に至る約五里余り、南は日向国臼杵郡界姥岳《うばだけ》の嶺より、北は大分郡朽網《くたみ》郷上重村に至る約一二里ばかり」と記されている。

また、明治初期に編纂された『直入郡地誌《なおいりぐんちし》』には、「西南部は、高原遠く断絶して地味悪しく、北部は脈重なり、地質黒土にして肥沃ならず、竹田の西二里ばかり、やや豊饒《ほうじょう》なれどもその間に丘陵起こして一般に平坦の地なし、数多の河流は皆、西より東に通じて郡内を横断せり」と記されている。

つまり岡藩は、九州山脈と豊後水道から瀬戸内海に続く別府湾との間に展開する中山間地に属し、地形、地質、気象とも決して恵まれた地域でないことを説明している。

秀吉による豊後国の検地は、文禄二年（一五九三）に始められ、宮部《みやべ》法印継潤《ほういんけいじゅん》と山口《やまぐち》玄蕃《げんば》宗永《むねなが》の二人が実施した。この検地により旧大友氏の領地は細分され、領域や石高が確定した地域に、秀吉の腹心の武将が配置され、岡藩中川氏もその一人だったことは、前述した通りである。

同年十一月、豊臣秀吉が、中川秀成に与えた朱印状には、「豊後国直入郡二万九〇三六石、同大野郡内三万六九六二石、都合六万六千石の事、扶助せしめおわんぬ。まったく領地すべし。此の内一万六千石無役《むやく》、五万石を以て軍役相勤むべく候也」とある。

文中の「一万六千石無役、五万石を以て軍役相勤むべく」とあるのは、織田信長や秀吉などが発給した中世の所領宛行《あてがい》の特色で、一万六千石は中川氏の台所入り分、すなわち領地の管理運営費、五万石で豊臣政権への軍事奉仕を命じたものである。

秀吉は、この六万六千石に、旧大友氏の家臣・田原紹忍に柏原《かしわばる》郷（現・竹田市荻町）と松本村（現・竹田市松本）二千九百十三石を、宗像掃部《むなかたかもん》に葎原《むぐらばる》郷千八百五十石を与えて中川氏の与力《よりき》として配した。しかし両者とも〝石垣原《いしがきばる》の戦い〟での大友義統《よしむね》の挙兵で、西軍に加担したため、〝関ヶ原の戦い〟以後、両土地は徳川氏に没収された。

そして文禄三年、秀成の岡入部の際、大分郡今津留《いまづる》村四百六十石を船着場として、直入郡東北部にある阿蘇野名《あそのみょう》九百六十九石余りと田北《たきた》郷二千八百六十六石を預かり地として与えられた。

一方、慶長六年（一六〇一）、〝関ヶ原の戦い〟で勝利した徳川氏は、加藤清正に恩賞地として肥後一国を与えたが、清正は、天草の地（現・熊本県天草市）の支配を辞退し、代わりに瀬戸内への道として豊後国内に二万石の領地を望んだ。

その結果、豊後国の佐賀関《さがのせき》、鶴崎《つるさき》、野津原《のつはる》（いずれも現・大分市）、久住《くじゅう》白丹《しらに》（現・竹田市久住町）の地が与えられることになった。このうち久住白丹は、岡藩の所領だったため、前述の徳川氏に没収されていた旧大友氏の家臣田原、宗像両氏の土地と預かり地だった阿蘇野名が、代替地として中川氏に与えられた。預かり地だった田北郷は、そのまま徳川氏の直轄地となった。

翌七年、若干の土地交換が行われ岡七万石が成立したのである。

この七万石の領域を現在の市町村別で見ると、竹田市（竹田市、荻町《おぎまち》、久住町の都野《みやこの》・添ヶ津留、直入町の長湯《ながゆ》・神堤《かみつつみ》）、豊後大野市（朝地町、大野町、緒方町、清川町、千歳町、犬飼町《山奥組《やまおくぐみ》を除く》）、佐伯市（宇目町《うめまち》）、由布《ゆふ》市（庄

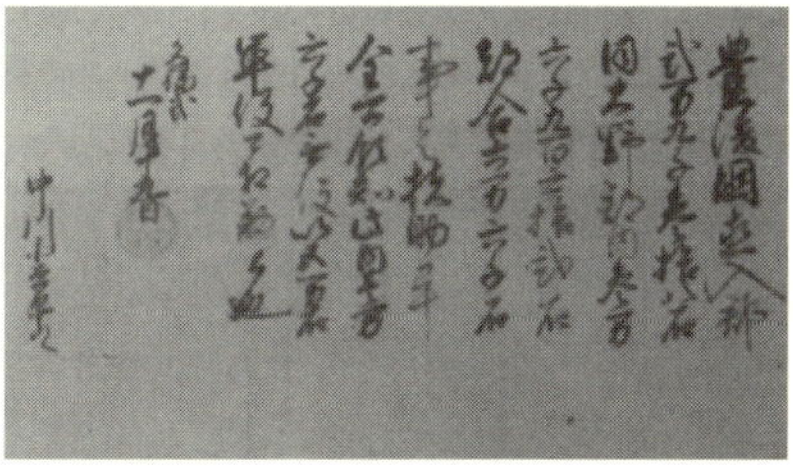

秀吉の朱印状

内町の阿蘇野《あその》、野津原町の今市《いまいち》）、大分市（今津留《いまづる》、萩原《はぎわら》、葛木《かつらぎ》、秋岡、仲村）である。

秀成・久清の検地

江戸時代の経済は米を基本とした経済で、その基本となる米の生産高を調査するのが、検地である。検地は、検地役人が、村々を廻り田、畑、屋敷などの所有者、反別《たんべつ》の米の生産量などを調査し、年貢高を定めるための基礎台帳を作成することを目的とした。また藩や村の生産高を決めるとともに領域を決定する重大な役目でもあった。

初代秀成は、入封後の検地を慶長三年（一五九八）と同九年に行っている。両検地により、岡藩の総石高は、

直入郡内　三万四百十八石八斗余
大野郡内　三万九千六百六十四石九斗余
大分郡内　三百五十六石四斗余
計　　　　七万四百四十三石余

となり、幕府に届けを出している。

寛文四年（一六六四）四月に、幕府が全国の大名に一斉に与えた朱印状には同

じ石高《こくだか》が記されており、以降、この石高《こくだか》が表高《おもてだか》となって固定することになった。この表高は幕府に対する軍役、使役などの負担の基準となるものであった。

全国の大名たちは、さらに領地の綿密な検地を行う内検《ないけん》を行った。内検では、新しく開墾された新田や秘密裏に開墾された隠田《おんでん》なども検地され、幕府の朱印状の記載石高を上回ることが多かった。この差額を打出《うちだし》、出高と呼んだ。

岡藩の内検は、久清が、明暦二年（一六五六）に取りかかったが、この時には農民の抵抗があり、十分な成果が得られなかった。

このため久清は、再度、万治元年（一六五八）から万治二年にかけて、これまでの角竿検地《かくざおけんち》から菱竿検地《ひしざおけんち》という新しい手法により実施した。

ここで角竿検地と菱竿検地について見てみよう。

［図一：角竿検地の場合の縄の入れ方］

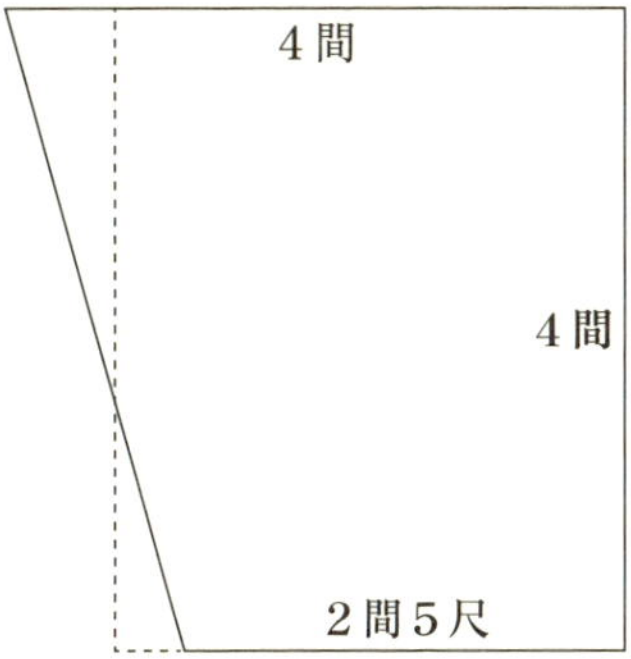

［図二：菱竿検地の場合の縄の入れ方］

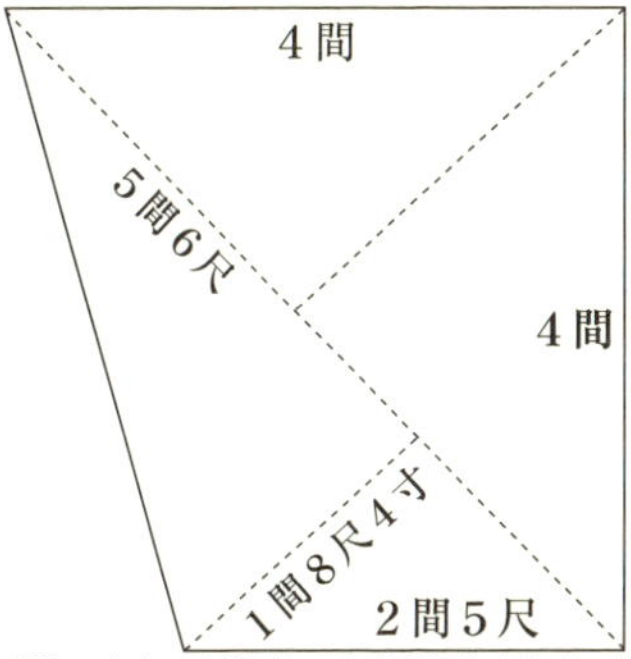

（『竹田市史・中巻』竹田市史刊行会を参考に作成）

長方形に測る「見込打ち」
（『徳川幕府県治要略』より）

〔図一〕と〔図二〕の台形は同じものである。

〔図一〕を測るために角竿を使った場合、横四間と横二間五尺の平均である三間二尺五寸を算出し、縦四間×横三間二尺五寸＝一三歩といった面積を算出する。

〔図二〕を測るために菱竿を使った場合、まず対角線を入れることで三角形を作り出す。そして五間六尺×二間八尺＝一五歩七朱（a部の方形面積）、五間六尺×一間八尺四寸＝一〇歩三朱（b部の方形面積）を出し、a部＋b部を二で割って一三歩を算出する。これを「折歩」といった。

土地の形状は四角形で平坦といったものではないが、〔図一〕〔図二〕のような

〔図三：角竿検地の場合の縄の入れ方の難しさ〕

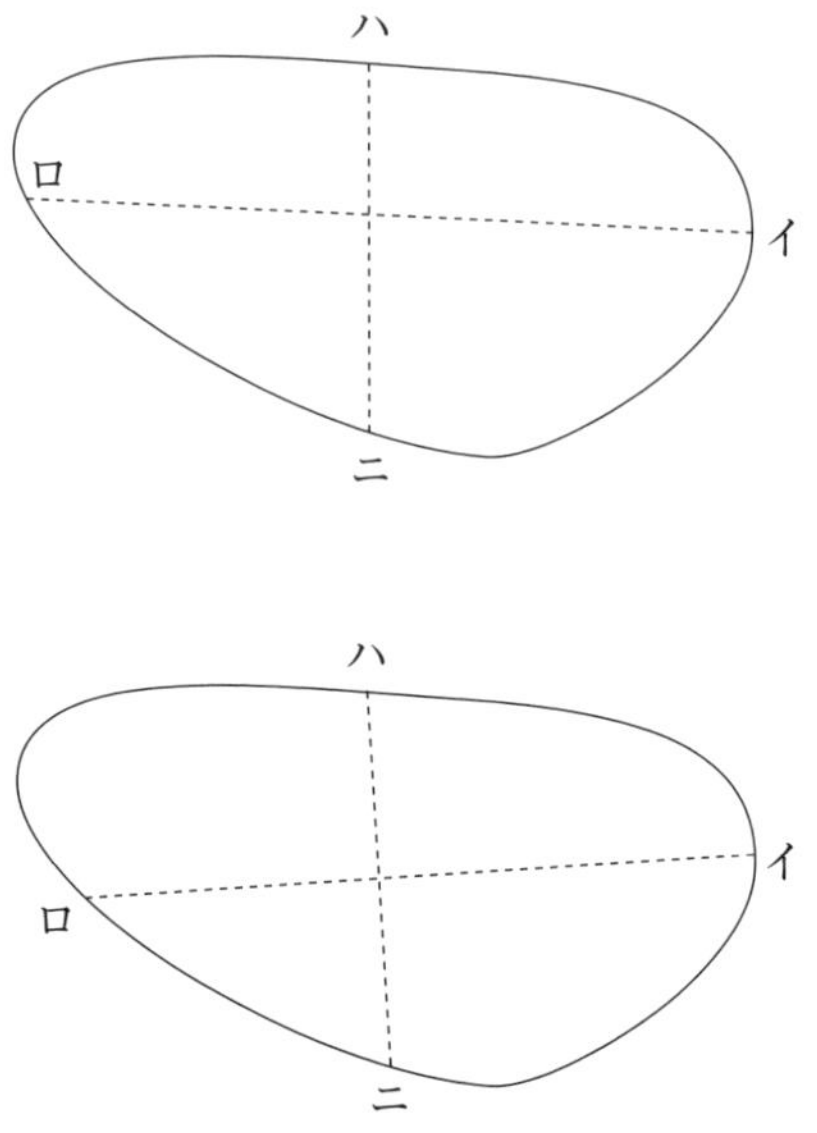

単純に方形に近い形状であれば、角竿を用いる検地も菱竿を使った検地も、大した相違は生じない。

[図三] を測るために角竿を使う場合、縄の入れ方によって、算出される面積が変わってくることが分かるだろう。

[図四] を測るために菱竿を使う場合には、細かく三角形を作り出し、面積を算出したのである。

この菱竿検地については、「御覧帳細注」（藩主が見る藩内状況を記した帳面の

[図四：菱竿検地の場合の縄の入れ方]

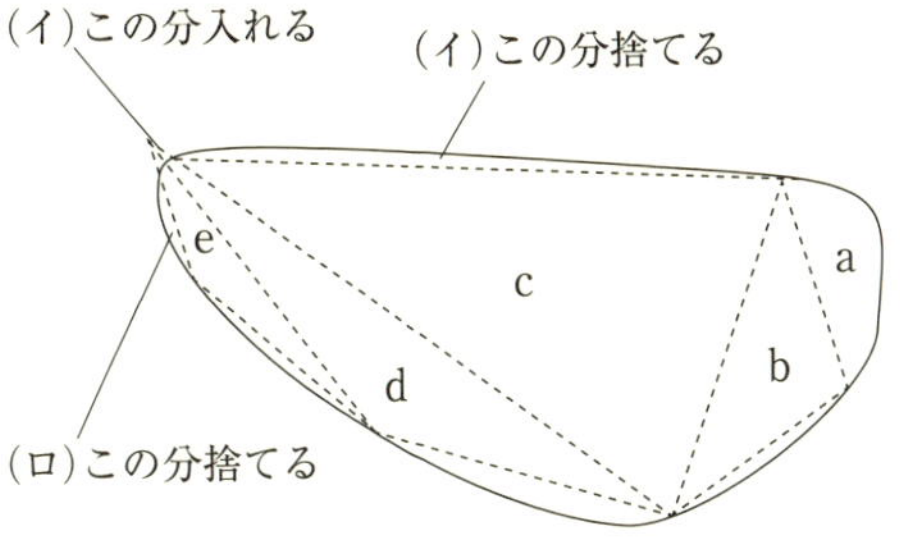

[図五：菱竿検地の場合の入歩・捨歩の見積もり方]

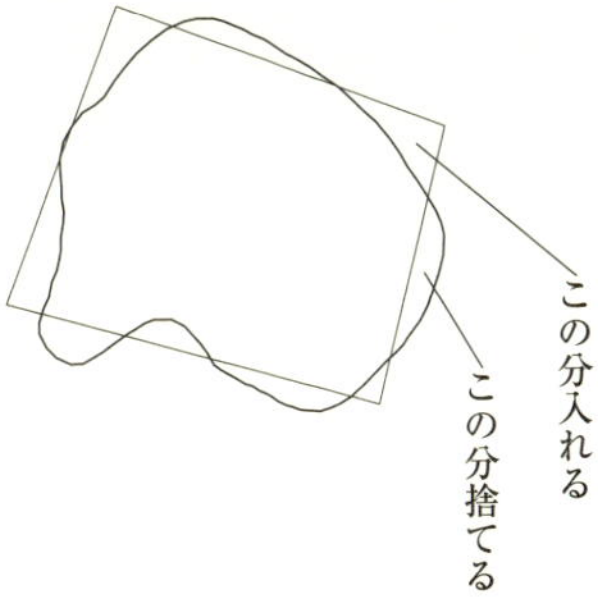

説明書き）にある「検地之事」の項目に、菱竿検地の理論を使えば、「如何様の形にても検地ハ出来る也」とあり、［図五］のような地形について「捨ると入るとなれるようニ見積るハ、図面ニて見れば安き事なれども、挟《（ママ）》き地面ヲ見ると違、広き地面を片脇より見る事ニテ地面の高低もあれば、西の方より見て考ると東の方より見て考るとハ、恰好大キニ違ふもの也。是を見積り、入歩・捨歩を考へ打事初心にはなりかたし、是等の理ハ知れて、業ザニ試てハ理の侭にならざる事也」と、菱竿検地の有用性について高らかに報告している。

菱竿検地には、地方《じかた》統治の巧者である和田忠左衛門《わだちゅうざえもん》が菱竿頭取に起用され、郡代の池田甚左衛門《いけだじんざえもん》に仕えた臼杵領出身の源蔵《げんぞう》という検地の巧者が実施した。隅々まで徹底した測量が行われた結果、朱印高を二万石も上回る打出の成果を上げた。その後の惣高は九万石余りで示されるようになった。

岡藩特有の〝千石庄屋〟制

幕府から与えられた朱印状における岡藩領内の村の数は、当初四三六カ村であった。その後、合併、あるいは分裂、新村誕生などにより、最終的には五八六カ村に増加した。

村とは、地域集団的な最小生活単位をいうが、規模としては現在の小字《こあざ》に相当するものと考えていいだろう。そして規模の大きい村には一人、規模の小さい村には、二、三カ村ごとに一人の庄屋を任命した。村高では、おおよそ二、三百石ごとに任命していることがうかがえる。

庄屋には、年貢の割り付け、村経費の管理、上からの下達文書、村側からの上申書など、地方行政支配を執り行う職務が課せられた。庄屋は、単に行政能力に優れているだけでなく、村民の意見を反映させる村方の代表的存在だった。

庄屋の下には、世話役の肝煎《きもいり》、納税事務を担う蔵方《くらかた》、庄屋の事務を監察する村《むら》横目《よこめ》、五人組の組頭などが置かれた。それぞれ農業に務め、生産を高め、年貢を完納させ、地域の安寧と平穏を得るよう、という藩の支配組織末端の重要な役割を担った。

ちなみに五人組とは、農家五軒を集めた隣保制度《りんぽせいど》で、病人や耕作ができない者が出た場合には互いに助け合うという相互扶助、また農地を捨て逃散する者が出ないように、互いに監視し連帯責任を負わせる単位でもあった。

久清は、寛文二年（一六六二）にも村をまとめ組を組織させて、合理的な統治を行う体制を構築した。

五八六カ所の村は、東（大野郡）三四組、西（直入郡）三三組、これに三佐・海原・仲村一組を加えて六八組とし、東西奉行を置いて統治した。その後、奉行の増減や名称の変更、所属村の移動などで若干の変動が見られるものの、この形態は幕末まで続いた。

この組単位に置かれたのが、千石庄屋である。名の由来は組の石高が大方千から千五百石だったことに由来する。多くの場合、大友氏の除国により支配地を失った旧志賀氏の旧武士層、旧家などに由緒状を提出させ、千石庄屋として任じた。すなわち郡奉行と庄屋の間に千石庄屋を任命し、彼らの地域に対する勢力、信望と指導力を利用したのである。こうした千石庄屋の導入は、岡藩独特のものであった。

最初は、農村内での地位を認められた千石庄屋であったが、三代藩主久清の頃から藩政も安定し、千石庄屋、庄屋に対して「千石庄屋、小庄屋農地に、役儀裁判なし難き者これあるにおいては、見および次第替え申すべく候こと」という厳しい姿勢を示すようになり、徐々に藩体制に組み込まれていった。

宝永三年（一七〇六）には、千石庄屋は、〝大庄屋〟と呼び名が変わった。これは、単なる名称の変更ではなく、「役儀裁判なし難き者」は、役儀を召し上げることができるという藩統治の完成を意味するとともに、千石庄屋という依然として残る旧勢力のイメージを払拭し、岡藩政が完全に権力を掌握した結果といってもいいだろう。

これを機に、藩は四～五の組をまとめて〝四《よん》ヶ組合《くみあい》〟を組織させ、全体を一七の組合でまとめて農村支配の組織を強化した。下って安永七年（一七七八）には、大庄屋の中から実力のある一一人を選んで頭取大庄屋《とうどりおおしょうや》として、苗字御免《みょうじごめん》などの身分が与えられ、農村支配の強化が図られた。

賢公久清は〝中興の祖〟

ここまで藩政、すなわち行政組織、法整備、検地、地方知行などの基礎づくりについて記してきたが、いずれにも出てくる名が、三代久清の名である。久清が〝岡藩中興の祖〟と呼ばれるゆえんであるが、久清の残した功績は、藩政の基礎づくりに留まらなかった。その実績とエピソードを二、三紹介しておこう。

久清は、慶長二十年（一六一五）、山城国伏見★に生まれた。幼年期を伏見や江戸で送り、謙信流軍学《けんしんりゅうぐんがく》を畠山長門守義真《はたけやまながとのかみよしまさ》に、陽明学を熊沢蕃山《くまざわばんざん》に学んだ。久清は、病弱だった二代久盛の名代として働くことも多かった。三代藩主になったのは、承応二年（一六五三）、久清三十九歳の時であった。

久清は、藩主になって間もない承応四年からの四年間、外国船が、日本の周りに現れ、日本攻めの噂が流れたことをきっかけに、藩の軍制強化に乗り出した。特に火器の整備に力を入れ、藩内に武器製作所をつくり、大量の武器を製造した。具体的には、四匁★三分の小銃一〇〇丁、一〇〇匁筒一〇〇丁、六匁筒一三〇〇丁を製造、別に六匁筒三〇〇〇丁を密造した。久清は、これらの火器を用いて、

中川久清
（個人蔵）

▼山城国伏見
京都南部一帯。現・京都市伏見区。

▼匁
尺貫法の重量単位。貫の一〇〇〇分の一、約三・七五グラム。

洋式軍法による訓練を大船山麓で行ったと伝えられている。

こうした一連の行動を知った幕府は警戒するが、水戸光圀が、「西国において万が一、外国の侵入があっても、久清の在世中は心配ない」と語り、幕府の警戒心を払拭してくれたという。いかに久清が、岡藩という山岳地帯の小藩にもかかわらず、日本という国を意識し、外敵に対峙しようとしていたかを伝えるエピソードである。

また、久清は、藩政執行に当たって、万治三年（一六六〇）、若き日に師事した陽明学者熊沢蕃山を招聘し、知行合一《ちこうごういつ》の陽明学を藩学の基とするとともに、治山治水、井路《せいろ》開発の指導を仰ぐなど積極的にその知識を取り入れた。このことからも、一藩にこだわらない人材の登用の妙を知り得た人物であったかがうかがわれる。

久清の陽明学への傾倒は、幕末における藩の尊王攘夷《そんのうじょうい》思想《しそう》に影響を与えることになる。

久清は、晩年は、〝入山公《にゅうざんこう》〟と称され、無類の山好きで、久住連山のひとつ大《たい》船山《せんざん》をこよなく愛し、人鞍《ひとくら》★に乗って登山したと伝えられている。自身の墓を大船山の山腹につくらせていることからも、並々ならぬ大船山に対する思い入れがうかがわれる。

また、久清が、初めて大船山に登ったのは、寛文二年（一六六二）のことであ

中川家家紋入り鉄砲
（竹田市立歴史資料館蔵）

▼人鞍
人が乗った鞍を人夫が担ぐ道具。

ったが、その休憩地であった七里《しちり》田《だ》温泉《おんせん》（現・竹田市久住町都野）、葛淵《くずぶち》温泉《おんせん》（現・竹田市直入町）などに御茶屋、御湯屋を建て、翌年には、湯原《ゆのはる》温泉《おんせん》（直入町）に藩営の湯屋を建てるなど、藩主はもとより、藩士、庶民の湯治場《とうじば》として発展する礎を築いた。いわば山岳、温泉レジャーの先駆けとなったのである。

久清は、寛文六年に隠居し、長男久恒に家督を譲った。在任期間は、わずか十三年であったが、多くの実績を残した。

現在の七里田（上）と長湯温泉（湯原）

大船山麓にある中川久清の墓

これも岡

憧れし山頭火の好み

閉口した唐黍飯の〝唐黍考〟

禅宗の僧であり俳人でもあった種田山頭《さんとう》火《か》は昭和五年（一九三〇）の秋、旧岡藩領を托鉢のために連日歩き廻っている。その旅の中で〝家々に唐黍の実がずらりと並べ下げてあるのは、いかにも山国らしい、うれしい風景である（唐黍飯には閉口だけど）〟（『行乞記㈠』春陽堂）と述べている。

旧岡藩領の山村を彩っていた唐黍（トウモロコシ）。しかし、そのトウモロコシが日本でどう広まっていったのかは、よく分かっていない。

トウモロコシは戦国時代の末、織田信長が安土城を築いていた頃にスイカやカボチャなどと共に日本に渡ってきたといわれる。そして江戸時代も時代が進むにつれて九州や四国、中国の山村ではかなり普及していた。

しかし税の対象になっていなかったらしく、公式の文献には出てこない。それに民間の文書は、自分たちに都合のいいこと、有利なことは、それを増税の理由にされてはかなわないので滅多に書かず、トウモロコシもその伝で今となっては実態がよく分からない。

トウモロコシは九州の山国の風土、地味に合った作物である。かつての岡藩の農民たちもトウモロコシを少量の米麦に加えた唐黍飯を食べていたに違いない。

山口県の大地主の家に生まれた山頭火は落魄《らくはく》しても唐黍飯や焼酎は口に合わなかったようだが（〝焼酎が好きなどといふのは――彼が本当にさう感じてゐるならば――彼は間違いなく変質者だ〟（『行乞記㈠』）、我慢強い山国の民は唐黍飯をきっと天に感謝しながら食べていたのであろう。

当時の焼酎は現在のそれに比べて相当に癖があったのを付記しておきたい。

英彦山中に踏み入る山頭火
（イラスト：早川和／『大分の山頭火　憧憬』より）

山頭火の愛した温泉

長湯温泉街

寛文三年（一六六三）、岡藩藩営の湯治場として開かれた湯原《ゆのはる》温泉（現・長湯温泉）。この湯を放浪の俳人として、また無類の温泉好きとしても知られる種田山頭火は、いたく気に入っている。

温泉に浸かる山頭火
（イラスト：武石憲太郎／『大分の山頭火　憧憬』より）

昭和五年（一九三〇）十一月八日、雨が降ってきたので、いつもの草鞋《わらじ》ばきではなく地下足袋姿で竹田の町から湯の原まで歩いて来た山頭火は、途中の赤く色づいた雑木山と川の水音と霧に包まれた風光に満足し、到着後は湯にいやされている。

着いてすぐに一浴、床屋から戻ってまた一浴、寝しなに一浴。そして翌朝は暗いうちに目が覚めてすぐに湯に入っている。茫々然《ぼうぼうぜん》として湯壺にじっとしている時が、彼の極楽であったらしい。

あかつきの湯が
私一人をあたためてくれる

この日は朝の七時に、いつもの白足袋に草鞋、禅僧らしく墨染めの法衣で旅立っている。

山頭火の豊後の紅葉した山の中に消えて行く後ろ姿が、目に見えるような気がする。

山頭火が泊まった米屋跡に建てられた句碑「宿までかまきりついてきたか」

③

発展する交通網

時代が安定期に入ると、参勤交代、年貢米をはじめとする物資の輸送、情報伝達の拡大・多様化が進み、交通は、陸路、海路ともに整備され、発達していった。宿場の設備も充実し、人々の往来も多くなり、町家の数も増した。

街道の発達と主要地まで

江戸時代に入ると、「武家諸法度」（「寛永令」）で制度化された参勤交代、消費地へと運ばれる年貢をはじめとする物資の運搬、商業圏の広域化、情報伝播の高度化などが進み、陸上、水上交通網が、飛躍的に整備された。

岡藩においては、城下町を基点として、主要な地方都市に向かう放射線状に走る幹線道路に、生産、生活にかかわる輸送などに利用される地域道が結びついて、交通網が形成された。

江戸時代末期に編纂された『豊後国志《ぶんごこくし》』には、その放射線状に伸びる幹線道路、すなわち街道として、

肥後国《ひごこく》熊本城路　　（二一〇里余り）

肥後街道に残る石燈籠と松並木（久住町）

大分郡府内《ふない》城路　（一一里余り）
大分郡鶴崎《つるさき》路　（一三里）
日向国《ひゅうがこく》延岡《のべおか》城路　（二〇里）
玖珠郡《くすぐん》森営《もりえい》路　（一五里）
日田郡《ひたぐん》永山《ながやま》布政所《ふまんどころ》路　（二〇里）
海部郡《あまべぐん》佐伯《さいき》城《じょう》路　（一七里）

の七つの名が記されている。これらは、往還《おうかん》とも呼ばれ藩が管理する官道であった。特に肥後国熊本城路と大分郡鶴崎路は、肥後《ひご》街道と呼ばれ肥後国熊本と豊後国鶴崎（現・大分市鶴崎）を結ぶ約三三里（一三二キロメートル）に及ぶ九州を横断する街道であった。

加藤清正が、肥後国に入封する際、天草の統治を辞退し、豊後国に二万石の飛び地を要求し、久住白丹、野津原、鶴崎、佐賀関が宛行《あてが》われ、瀬戸内海への道として整備された街道である。

この街道は、初代秀成が岡入封の際、通った道でもある。

その後も岡藩は、参勤交代道として利用した。当然ながら肥後藩にとっても重要で参勤交代道として利用されるとともに、幕府役人も盛んに往来した。また長崎への街道としても利用され、幕末、文久四年（一八六四／二月二十日、元治と改元）、勝海舟と坂本龍馬が、幕命により欧米四カ国による下関砲撃を中止させる

肥後街道（久住町白丹）

ために、佐賀関から肥後街道を経由して長崎に向かったことでも知られるようになった。

中間点に当たる要衝地・今市には、宿場が設けられ、廟所への藩主参拝に用いられた御茶屋も置かれ、宿場として、あるいは幕府、肥後藩士たちの接待の場として賑わった。

一方、藩主や家臣が訪れる目的地までの道程と距離を定めた「御城より所々道程」には、藩主や家臣が訪れる目的地までの道程と距離が記されている。

有氏《ありうじ》組大船山大明神社《たいせんざんだいみょうじんじゃ》迄《まで》	五里★半一五町
同所御墓所迄	五里半
同組九重山法華院《くじゅうさんほっけいん》迄	五里半
同所大明神温泉迄	五里半一三町
有氏組御茶屋迄	四里一〇町
七里田村《しちりだむら》御湯屋迄	四里
長野村御茶屋迄	三里半
桑畑村《くわばたむら》御湯屋迄	三里半一〇町
湯《ゆ》の原村《はるむら》御茶屋迄	四里
鳥屋村《とりやむら》御茶屋迄	三里一二町
同所神角寺《じんかくじ》迄	三里半一〇町

肥後街道の今市付近

▼里
一里は三六町で約三・九二七キロメートル。

三宅組内烏帽子《えぼし》岳《だけ》迫　二里一〇町
田平御茶屋迫　一里半一〇町
葎《むぐらばる》 原村御茶屋迫　三里半
祖母《そぼ》嶽《だけ》大明神迫　五里半七町
波木合岩穴迫　四里三町
尾平《おびら》鍚山迫　六里半
奥岳《おくだけ》組 内口《うちのくち》ノ鉱山迫　三里半
宇田枝《うだえだ》組戸土呂村《とどろむら》鉱山迫　四里一〇町
木浦《きうら》鉱山迫　七里半
大形組《おおがたぐみ》普光寺《ふこうじ》迫　一里
矢田組《やたぐみ》沈堕滝《ちんだのたき》迫　三里半
原尻滝《はらじりのたき》　二里半一〇町
木原八幡宮《きばるはちまんぐう》迫　二里七町
保全寺《ほぜんじ》山迫　一里
草深野《くさぶかの》御茶屋迫　三〇町
牧組御茶屋迫　三里
宇田村穴権現《うだむらあなごんげん》迫　三里半
御嶽大明 神《おんたけだいみょうじん》迫　五里

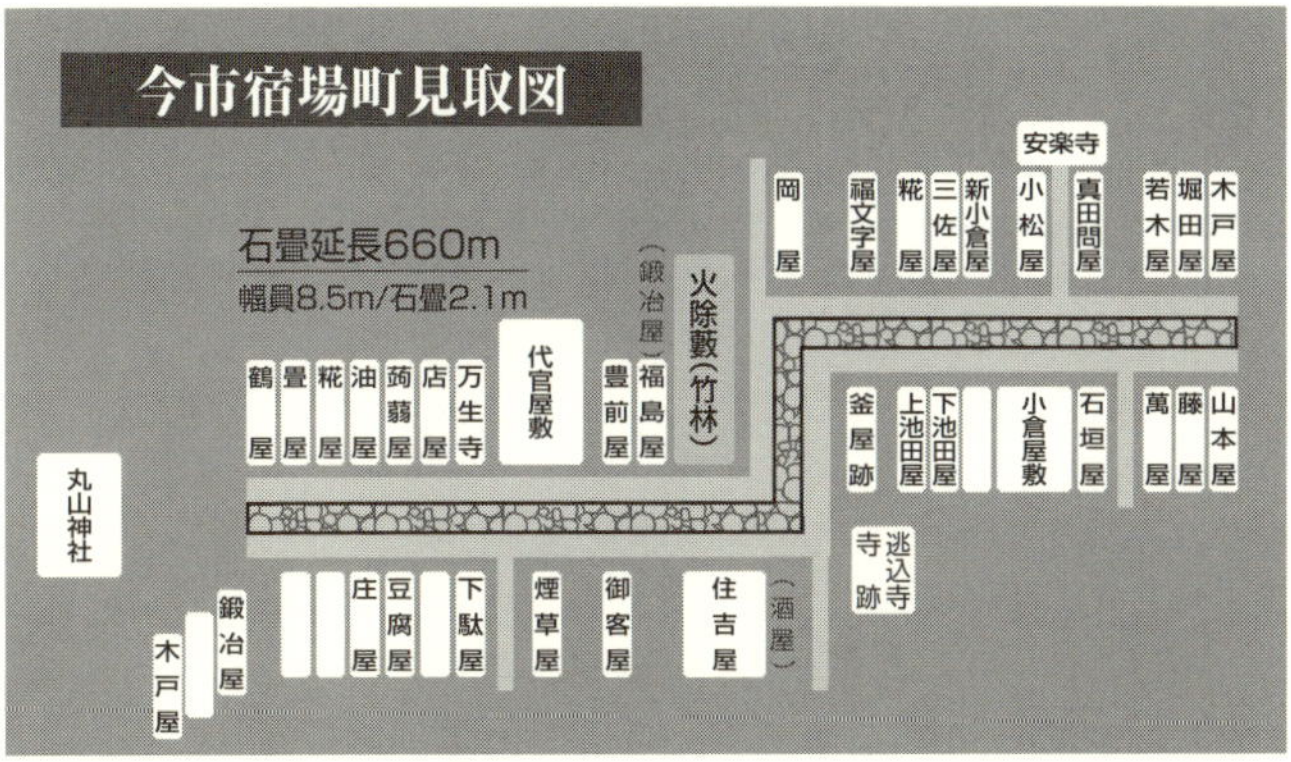

今市の町割り

酒利村《さかりむら》迫　九里半
梓《あずさ》 嶺《みね》迫　一三里半一〇町
柴北組《しばきたぐみ》三嶌《みしま》迫　七里
柴山組《しばやまぐみ》妙覚寺《みょうかくじ》迫　六里半
酒井寺組《さかいでらぐみ》九山《くざん》八海《はっかい》迫　三里
阿蘇野組《あそのぐみ》雨《あま》ケ池《いけ》迫　七里

このように、中川家の墓所や、各地の寺社、湯治場、狩場、御茶屋や鉱山に至る距離が記されている。特に御茶屋は藩主の旅行の休憩、宿泊の地で、専用の施設のほか、大庄屋、庄屋を利用する場合もあり、領内では、今市《いまいち》、神堤《かみつつみ》、岳麓《がくろく》寺《じ》、田平などに設けられた。

こうした資料は、岡藩を中心として官道、地域道とも大いに発展し、盛んに流通、交流が行われたことを物語っている。

港湾町犬飼と三佐

元和九年（一六二三）、それまで岡藩の江戸、大坂に至る瀬戸内海の窓口となる船着場だった萩原村《はぎわらむら》（現・大分市）は、幕府に召し上げられ、後述する元越前《えちぜん》藩主松平忠直《まつだいらただなお》の隠居地として与えられたため、代替地として三佐《みさ》（現・大分市）

犬飼港跡

が岡藩に与えられた。

萩原に船着場があった時代の主要道路は、萩原から肥後街道に入り、今市を経て、追分★から岡城下に至るルートであった。

しかし船着場が三佐に移ってからは、陸路で大野川中流にある犬飼《いぬかい》★まで行き、大野川の川船路を下って三佐に至るルートが主流となった。このルートは、従来の今市ルートと併せて参勤交代道としても利用されるようになった。

重要な交通拠点と位置付けられた犬飼には、明暦二年（一六五六・三代久清）、藩の米蔵が建てられ、併せて町家が建ち始めた。寛文二年（一六六二・三代久清）には、藩の屋敷地を拡大し、御茶屋を開設するとともに米蔵も拡大し、物資の中継交易の重要河岸《かし》（川の港）としての体裁が整ってきた。

河岸には、藩主が利用する御座船《ござぶね》が一隻、藩所有の御手船《おてぶね》が二六隻あった。御手船は、毎年冬から春にかけて、年貢米をはじめとする物資を運んだ。このほかに民営の在船《ざいせん》が二三隻あり、御手船の不足を補った。町には犬飼奉行が派遣され、町役人は乙名《おとな》二人、組頭二人が置かれた。また町人の町屋敷は年貢と町役が免除され、穀物の積み出し時期の秋から正月にかけては、町人二人が自身番で警護に当たった。町の規模については定かではないが、文化九年（一八一二）の大火での焼失家屋について「小役人ならびに船手の者宅三六軒」、あるいは「船士一〇〇人が配備された」と記載されていることから察すると、相当規模の町に発展し

▼追分
現・竹田市直入町。

▼犬飼
現・豊後大野市犬飼町。

犬飼河岸の繁栄を記した石碑

ていたことが分かる。

また大野川河口の三佐は、川船から海上輸送に引き継ぐ重要な中継点であった。

岡藩の発足当時は、江戸、大坂への物資輸送路、参勤交代路の外港として萩原が宛行われていたが、前述したように元和九年（一六二三）、越前福井藩の松平忠直が萩原に隠居することとなったため岡藩は萩原を没収され、新しく三佐が宛行われた。ここに港が建設され、萩原に代わる物資中継外港とした。

三佐には、犬飼から小規模な川船で人や物資が輸送され、ここで大型の輸送船に積み替えられ大坂、江戸を目指した。町には物資を保管する倉庫が建てられ、取り扱う商人、管理をする三佐奉行、業務を担当する家臣、そして船頭などが居住する町に発展した。

町は、藩主が乗る御座船を係留し、役所がある堀川区域と西側に広小路を挟んで住居区域、港の機構が集中する区域に分かれていた。町家は、南北方向に海岸側から本町、中町、裏町、東西に広小路側から横町が二筋、下町の町筋

参勤交代の船の安全を祈願した野坂神社（大分市三佐）

中川久貴が野坂神社に奉納した「岡藩船三佐入港絵馬」（部分）

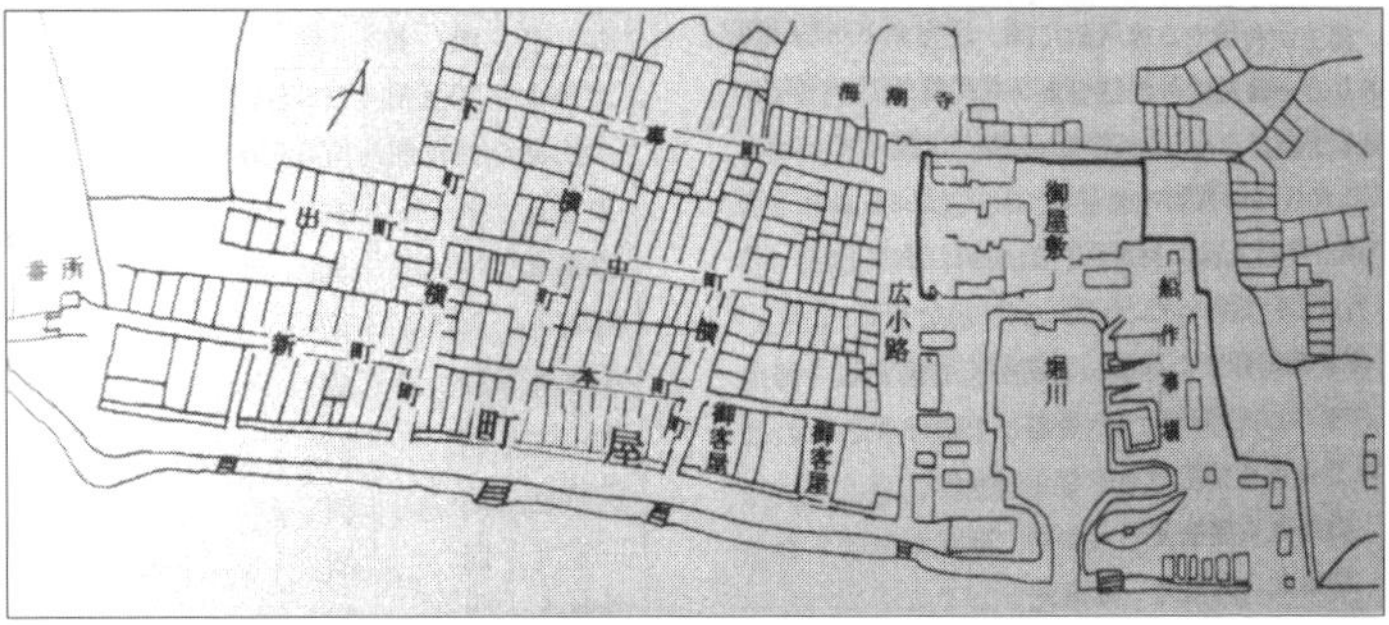

三佐町の図（『竹田市誌　第1巻』より）

が形成され、家臣屋敷、町屋敷があった。町家の数は、二六〇軒にも上ったという。

町屋敷は、犬飼同様、年貢を免除され、町役人として乙名三人と組頭三人が置かれた。港には、御座船〝住吉丸〟の他三〇隻の輸送船が出入りした。

これも岡

お国自慢

岡の酒と銘菓

千羽鶴

久住に滞在した川端康成が残した千羽鶴の色紙から命名された、久住山の伏流水が育んだ岡の銘酒。醸造元は佐藤酒造㈱。写真は菰樽。

竹田市久住町久住六一九七
TEL〇九七四・七六・〇〇〇四

豊後清明

日本の名水百選のひとつとして知られる竹田湧水群の水と、大分県では珍しい米麹を使用した本格麦焼酎。九州の代表的清酒・西の関で知られる萱島酒類が、焼酎造りの拠点として竹田市に福寿屋岡城蒸留所を設立し製造している。

竹田市竹田町三九八
TEL〇九七四・六三・三八一六

サリモスのどぶろく

白の「荒城の雪」と赤の「荒城の桜」の二種類あり、宿泊レストラン・サリモスが製造販売している。竹田市はどぶろく特区としても有名。

竹田市中角九九八
TEL〇九七四・六七・二二二五

荒城の月／三笠野

満月を模した荒城の月と三日月形の三笠野。いずれも江戸時代から竹田の代表的和菓子で、旧岡藩御用・但馬屋の看板商品。

竹田市上町
TEL〇九七四・六三・一八一一

④

幕府課役の過重

戦乱の世が治まって世の中が安定し、軍役への出費が少なくなると地方の藩が経済的に力をつけてくることを恐れた幕府は、様々な形で藩に負担を強いる政策をとった。特に外様大名には、重い負担が課せられ、岡藩も例外ではなかった。

参勤交代の多大な負担

寛永《かんえい》十二年（一六三五）、三代将軍家光《いえみつ》は、「武家諸法度」の一環として、参勤交代の制度を定めた。

参勤交代とは、端的に言えば、「一年間は江戸に出仕し、一年間は領国に帰ることを、交互に繰り返す」という制度である。各藩の幕府への忠誠を試すとともに各藩に負担を強いて、経済的発展を抑制するという目論見《もくろみ》であった。

参勤交代の内容は、「毎年夏四月中に参勤すべし」とあるように、

○藩主は旧暦の毎年四月、太陽暦では五月中に参府しなければならないこと

○九州方面からの参勤は、海路を利用する場合、大坂以西の港を利用し、上陸後は陸路を通ること

参勤交代復元（岡城桜まつり）

など、細かく決められていた。

さらに石高に応じて参勤交代の人員が定められるようになり、岡藩の場合は五万石以上十万石以下の規模であることから、馬上七騎、足軽六〇人、中間人足一〇〇人とされた。

岡藩の参勤交代のコースは、中津、小倉から関門海峡を通って山陽道を通り陸路で江戸に至るコースと、海路で瀬戸内海を通って大坂に至り、陸路で江戸に向かうコースの二通りであった。三佐が整備されてからは、犬飼、三佐を経由する海路・陸路コースが主流となった。

瀬戸内海海路には、〝上之関路《かみのせきじ》〟と〝伊予路《いよじ》〟の二つのルートがあった。〝上之関路〟は、防州《ぼうしゅう》（現・山口県の一部）から瀬戸内側をたどって上乃関（現・山口県）を通って赤穂《あこう》、明石《あかし》、兵庫《ひょうご》（いずれも現・兵庫県内）から上陸、陸路で江戸に至るルート。

〝伊予路〟は、三佐を出て、佐賀関から豊後水道を横断し、伊予（現・愛媛県）の長浜、高浜などを経て安芸の御手洗港で上之関路に合流するルートである。

参勤交代にかかる日数は、海路の場合、風待ち、潮待ち、気象の変化などの制約を受け、一定とはいかなかったが、当時の資料によれば、三十日〜四十六日を要したようだ。

参勤交代の事務役割については、

参勤交代道路図

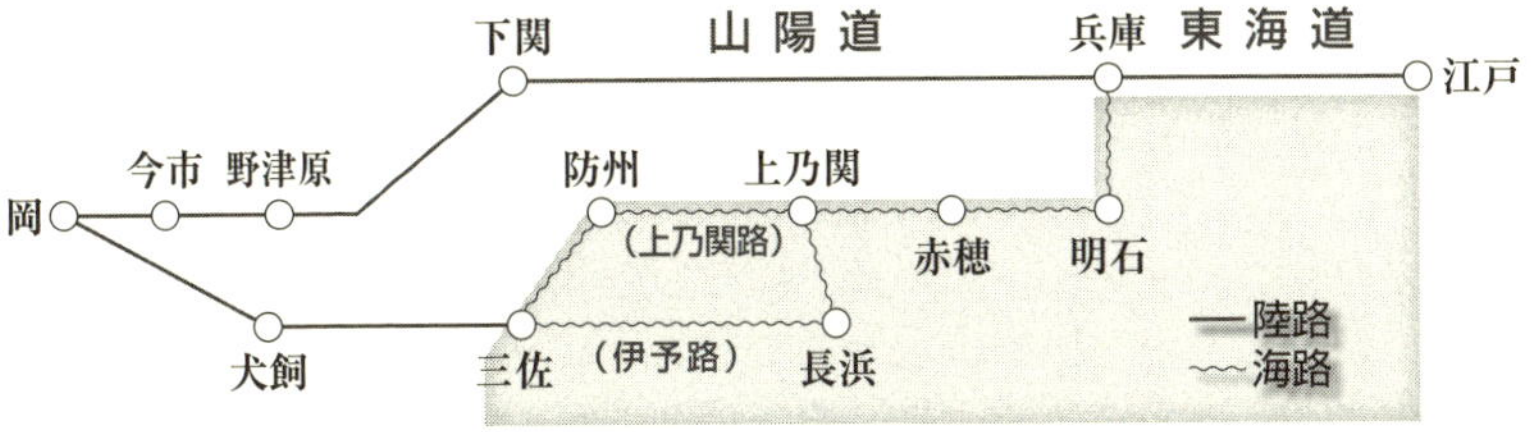

○東海道・室路《むろじ》★本陣《ほんじん》金銀支払い役
○同駄賃支払い役
○室路旅籠支払い役
○川越え金銀支払い役
○馬飼料支払い役
など、役所《やくどころ》が、細かく決められていた。かかる経費については、半端な金額ではなかった。岡藩の具体的な出費のほどは分からないが、江戸後期の勤王家の蒲生君平《がもうくんぺい》は、「参勤交代と江戸藩邸の維持費だけで藩の収入の七割が必要であった」と述べているように、どの藩においても、多くの人員と経済的支出で頭を痛めたことは間違いない。

岡藩に限らず、参勤交代は、やがて各藩の財政を圧迫するようになっていく。

江戸屋敷

幕府は、各藩に江戸に土地を与え、江戸藩邸《えどはんてい》を築かせた。江戸藩邸は、幕府との政治折衝の窓口となり、幕府からの通達は、藩邸に伝えられ、藩邸から本国に伝えられた。また本国から幕府への連絡は、やはり藩邸を通して幕府に伝えられた。いわば幕府と藩の重要な情報・命令窓口であった。他藩との交渉も藩邸を通

▼室路
室津。西国大名は参勤交代の折、この地で下船し、ここから陸路をとった。現・兵庫県たつの市御津町室津。

して行われることが多く、特に嫡子不在で急養子の藩主継承が続く中での岡藩邸の役割は重要であったと思われる。

参勤交代で一年ごとに江戸と本国を往《い》き来する藩主の江戸における居住地を上《かみ》屋敷《やしき》と呼び、江戸における藩の政治機構が置かれた。藩主は、定例の登城日や役職に定められた日など、しばしば江戸城に登城する必要があり、江戸城に近い場所が宛行われた。藩主が、江戸在府の折はここで政務を執り、藩主が帰国した時には、江戸留守居役が留守を預かり幕府と藩との連絡役を務めた。

藩邸内には長屋を設け、下級武士や用人などが住んだ。

人質として江戸住まいをせねばならなかった藩主の正室、嫡子が住んだ屋敷を下屋敷《しもやしき》と呼んだ。当初は、上屋敷と下屋敷は、同一敷地内に建てられた。

下屋敷は、大火で上屋敷が被災した場合の藩主、家臣の避難場所ともなった。また藩から送られてくる米をはじめとする物資を保管する蔵屋敷としても利用された。また遊興や散策を楽しむ庭園が設けられ、接待の場にも利用され、その建築と維持費には多額の費用を要した。

大火以降の藩邸

江戸市中は、度々大火に襲われ、藩邸が被災することが多かった。

明暦三年（一六五七）の大火以降、同時に屋敷が被災しないように、郊外に第三の屋敷を分けて建てるようになった。やがて郊外に建てた屋敷を下屋敷と呼ぶようになり、正室、嫡子が住むこれまでの下屋敷は、区別するため中屋敷《なかやしき》と呼ばれるようになった。

明暦の大火以前の岡藩の江戸藩邸は、上屋敷は小石川《こいしかわ》に、妻子の住む下屋敷は芝口《しばぐち》一丁目にあったと推測されている。そして明暦の大火の後、上屋敷は、芝口一丁目に移転して拡張され、四七五〇坪の規模となった。また下屋敷は、芝新馬場屋敷、増上寺裏門前屋敷と移動し、最終的には、当初の芝口一丁目屋敷に落ち着いている。

幕末に入ると、上屋敷は移転、土地取得を繰り返し、最終的には、一万坪を超える規模となった。江戸の藩邸の土地は、幕府から大名の禄高に応じて与えられたが、大火などの理由により、盛んに交換や売買が行われたようである。

藩邸に詰めるいわゆる江戸詰め（務め）役人は、時代によって多少の違いがある。江戸藩邸全体の居住者は、定かな記録は見当たらないので、土佐藩（二十万六千石）の江戸藩邸居住者が三一九五人であったことから推測すると、一〇〇〇人前後ではなったかと思われる。これは、あくまで推測である。

大坂蔵屋敷の仕事

江戸が政治の中心地であるならば、大坂は経済の中心地である。

西日本の各藩で集められた年貢米は、大坂で換金された。全国から年貢米が集まる堂島《どうじま》、中ノ島《なかのしま》の米蔵地帯の賑わいは相当のものだった。

岡藩の年貢米は、岡藩を発して陸海一五四里の行程で、大坂中ノ島の米蔵に搬入された。大坂蔵屋敷の仕事は、年貢やその他の産品の取引にかかるものが中心だったが、藩札発行の折には、大坂商人の指導を受けており、深い関係があったことがうかがえる。その拠点となる大坂蔵屋敷は、移転売買を繰り返しているため、場所、規模などは確定できない。

お手伝い普請でも圧迫

「武家諸法度」の発布以来、幕府の諸大名に対する締め付けが厳しくなった。特に関ヶ原の戦い以降に徳川の傘下に入った外様大名に、徳川家関連、すなわち公儀の城郭などの普請を行う〝お手伝い城普請〟を命じた。外様である岡藩に命じられた主なものを列挙すると、

大坂蔵屋敷周辺の様子
（「摂津名所図会」より）

慶長十三年（一六〇八・初代秀成）駿府城三の丸石垣普請
同十五年名古屋城石垣普請
慶長十九年（二代久盛）江戸城石垣普請
元和五年（一六一九・二代久盛）大坂城再建普請
寛永十三年（一六三六・二代久盛）江戸城本丸の普請
明暦三年（一六五七・三代久清）明暦の大火により類焼した江戸城天守閣普請などである。

加えて、〝河川普請お手伝い〟と称する河川、寺社、御所《ごしょ》などの普請が割り当てられた。これも主な普請を列挙すると、

延享四年（一七四七・八代久貞）甲斐国富士川の普請、延べ人数五〇〇人余りを派遣
明和五年（一七六八・八代久貞）尾張、美濃、伊勢の川普請に人員を派遣

これ以降の負担については、相当分を金納することが多くなった。

寛政元年（一七八九・八代久貞）美濃、伊勢の普請に一万一五〇〇両余りを金納
文化二年（一八〇五・十代久貴）東海道筋の河川普請に八六〇〇両余りを金納
文化十四年（十一代久教）三河国矢作《やはぎ》川橋の普請に八九〇〇両余りを金納

以上のように、時代が安定し、軍役は影を潜めるが、公役付加は、参勤交代と

併せて藩財政を圧迫していった。

相次ぐ改易と松平忠直の隠居

前後するが、幕府は、〝関ヶ原の戦い〟〝大坂冬・夏の陣〟の論功により、大名の領地替《りょうちが》え、改易《かいえき》、減封《げんぽう》を行った。また「武家諸法度」違反、末期養子★に絡むものなどで改易、減封が相次いだ。その数は、改易だけでも、五代綱吉の代までに二五三家、千八百九十五万石余りに上る大規模なものだった。

小藩分立化した豊後国においても例外ではなかった。府内の早川氏、臼杵の福原氏、安岐の熊谷氏、富来の筧氏、高田の竹中氏、日田の毛利氏らは、豊臣氏側の大名であったため姿を消した。岡・中川家は、〝臼杵攻め〟の功績で徳川氏の信用を得てかろうじて名を留めたことについては前述した通りである。

近隣の大名が領地替え、あるいは改易されると、新しい城主が赴任するまでの間、指名された藩は城番《じょうばん》を務めなければならなかった。岡藩の場合は、

寛永九年（一六三二）熊本城、加藤氏の改易
同十一年　府内城、竹中氏の改易
正保四年（一六四七）唐津城、寺沢氏の改易
享保二年（一七一七）中津城、小笠原氏の改易

▼末期養子
一家の断絶を避けるため、当主の死に際して急に申し出た家督相続のための養子。急養子に同じ意。

などの城番を務めた。城番には、多くの動員が求められ、出費は、相当なものとなった。

また、改易は、徳川本家の血筋にも及んだ。松平忠直《まつだいらただなお》（家康の二男の結城秀康の長男）の隠居である。

元和九年（一六二三・二代久盛）、将軍秀忠《ひでただ》は、松平忠直の隠居を命じた。

忠直は、慶長十二年（一六〇七）に越前七十五万石を相続し、同十六年には、将軍秀忠の娘・勝姫《かつひめ》を正室に迎え、順風満帆に見えた。

ところが、忠直には不満があった。慶長十九年の〝大坂冬の陣〟では、用兵で失敗したものの、〝夏の陣〟では、真田幸村《さなだゆきむら》らを討ち取り、大坂城に真っ先に攻め入るなど、大いに手柄を立てた。にもかかわらず、戦後の論功行賞については満足できるものではなかった。

忠直は、次第に幕府への不満を募らせていった。

大坂夏の陣から六年後の元和七年、病を理由に江戸への参勤交代を怠り、同八年には、こともあろうに勝姫の殺害を企てるなどの奇行が目立ち始めたのである。

いくら家康の孫とはいえ、諸事を見逃すことができずに、元和九年、秀忠は、忠直に賄い料五千石を宛行って、豊後国萩原の地に隠居を命じたのである。この時、忠直は二十九歳の若さであった。

二代久盛にとっては、無関係ではなかった。萩原は、中川氏の船着場領地で、これが召し上げられ、代わりに三佐《みさ》が船着場領地として宛行われた。忠直の監視は府内藩（竹中采女正《うねめのしょう》・二万五千石）が行ったが、萩原が岡領であったことから、久盛は、治安を維持するための禁制を敷いて、地域の安寧に努めるなど配慮した。

萩原に流された忠直には、〝監検使〟、〝豊後横目〟などの監視役がつけられ、面会などは厳しく制限された。寛永九年七月、その忠直に、岡藩医師の池田伊豆が無断で面会していたことが発覚し、岡藩は、幕府から厳しい詮索を受け、久盛は伊豆を連れて江戸に向かい、幕府の処断を仰いだ。

伊豆は死罪となり、久盛はかろうじて罪を免れた。伊豆の行為は悪意によるものではなかったが、久盛が府内城の城番役を終えて新しい城主・日根野義明が就任した後のことであったため、幕府からとがめられた。久盛は、寛永十二年、城下に愛染堂《あいぜん》を建て事件の無事解決を祝ったという。久盛が、いかにこの事件に肝を冷やしたかが分かる。

しかし、忠直の萩原での生活は、越前とは全く逆の穏やかなものだったようだ。住まいに隣接する熊野権現社《くまのごんげんしゃ》に「熊野権現縁起絵巻《えんぎえまき》」を奉納したり、子の小松千代の病気回復を祈り観音堂を寄進したりと信仰深い生活を送り、一白様と親しまれ領民とも親しく交わった。二年後、約一里（四キロメートル）離れた津守《つもり》に居宅を移し、慶安三年（一六五〇）九月十日、五十六歳で没した。

こうした、改易、隠居などに伴う業務は、精神的にも経済的にも多くの負担となった。例えば、寛永九年六月の肥後五十二万石の加藤忠弘（清正の子）の突然の改易に伴う熊本城の城番には、半年にわたり久盛は五四〇〇人の動員をしなければならなかった。

岡におけるキリシタン

時代は遡るが、天文十八年（一五四九）、イエズス会の宣教師フランシスコ・ザビエルによりキリスト教が日本に伝わった。ザビエルの日本滞在は、同二十年までの三年間足らずであったが、西日本の広い地域にキリスト教を布教し、キリシタン戦国大名を生むほどの勢いであった。

主なキリシタン大名を列挙すると、大村純忠《おおむらすみただ》（備前三城）、高山右近《たかやまうこん》（摂津高槻）、小西行長（肥後宇土）、蒲生氏郷（伊勢松坂）、黒田如水（豊前中津）、そして豊後の大友宗麟《おおともそうりん》である。そして茨木城主だった中川清秀も名を連ねることになる。

大友宗麟は、豊後に日本屈指のキリシタン王国を形成した。

岡の地が、キリシタンと切っても切れない関係になるのは、天正十一年（一五八三）、大友氏配下の志賀親次が十五歳で岡城主となり、同十三年に洗礼を受けたことにより、キリスト教が爆発的に城下に広まったからである。その数は八〇〇〇人にも及んだという。

その後、宗麟が逝去、跡を継いだ義統は、秀吉が発した天正十八年の〝バテレン追放令〟に従い、キリシタン弾圧に転じるが、〝文禄の役〟の失態により、領地召し上げとなり、志賀氏も岡を去った。

その後に入封したのが秀成だった。清秀、秀政、秀成の三代は、キリシタンであったことは、前述した。岡入封を果たした秀成は、キリシタンに寛容で、〝バテレン追放令〟の下ではあったが、慶長九年には、志賀村に聖堂を建てる許可を与え、宣教師が布教することを黙認するなど、藩内での取り締まりはゆるいものであった。

時代は着々と徳川家康を中心に進み、慶長十八年（一六一三）に全国に〝キリスト教禁止令〟（禁教令）が施行された。

寛永十四年～十五年（一六三七～三八）に天草・島原で益田四郎時貞を首領とする二万のキリシタン農民が蜂起する〝島原の乱〟が勃発。乱は鎮圧されたが、幕府のキリシタン取り締まりはより徹底された。

秀成の跡を継いだ二代久盛は、禁止令に基づき、厳しくキリシタン信者を迫害し、取り締まりを行った。

久盛は、驚くほどに幕府に従順であった。また従順でなければ外様大名の岡藩は生き残れない環境にあった。

先代たちがキリシタンであったこと、岡の地にキリシタン信者が多いことは、公然の秘密である。いつ改易の材料にされてもおかしくない。ゆえに他藩に先駆けてキリシタン弾圧を行わなければならないと考えたのであろう。積極的に弾圧に踏み切った。多くの信者が摘発され、火刑などで処刑され、あるいは長崎送り★となった。

万治三年（一六六〇）八月には、長崎奉行から踏み絵《ふみえ》を借用して、宗門改めをすることになり、寛文五年（一六六五）一月からは、踏み絵制度が整い、取り締まりはさらに徹底された。

これらの信者の摘発数についてははっきりしないが、寛文八年には、豊後全体で三九二人、そのうち岡藩は三四人が摘発されたという記録が残っている。この時期が、摘発の最も多い時期であったと思われる。

こうした弾圧により、キリシタン信者たちは、地下活動へと潜伏し、いわゆる〝隠れキリシタン〟化していく。

現在、竹田市内には、隠れキリシタン礼拝堂、キリシ

▼**長崎送り**
長崎奉行の詮議を受けるため、キリシタンを長崎に送ること。

隠れキリシタン礼拝堂（竹田市殿町）

キリシタン（織部）燈籠
（竹田市殿町／一部後世に改修）

サンチャゴの鐘
（竹田市立歴史資料館／寄託品）

タン（織部）燈籠、サンチャゴの鐘、キリシタン墓などが残され、キリシタン盛んなりし頃の面影を留めている。

踏み絵鋳造事件

四代久恒の代に入って、キリシタン弾圧は、厳しさを増していった。藩は、宗門改めのために、再び踏み絵を長崎奉行から借り受けることとした。延宝二年（一六七四）、借り受けに長崎に赴《おもむ》いたのは、拓殖新右衛門《しんえもん》だった。帰郷して、中川助之進《なかがわすけのしん》、藤兵衛《とうべえ》、平右衛門《へいえもん》の三家老に見せたところ、領内六〇数組もの宗門改めには、長崎奉行から借り受けた二枚の踏み絵では、賄いきれないという。そこで借用した踏み絵を手本に数十枚の踏み絵を鋳造した。そして借りていた踏み絵を長崎奉行に返す際、その旨を報告して謝意を表した。

岡藩に他意はなかったが、長崎奉行の反応は意外なものだった。「長崎奉行でさえ踏み絵を鋳造する時には、幕府に届け出て許可を得ているのに、長崎奉行からの貸し出し物を無断複製するとはとんでもない」と激怒し、幕府に届け出たのである。

事の重大さに驚いた隠居中の久清は、江戸に滞在中の久恒に連絡を取ると同時に長崎に中川藤兵衛、拓殖新右衛門らを派遣し、鋳造した踏み絵を破壊させた。

中川久恒（『中川史料集』より）

久恒は、江戸で幕府関係役人への謝罪ととりなしに奔走した。そして三家老の出仕遠慮など、自粛措置を取った。

同年十二月二日、やっと許され、三家老をはじめ関係者の措置も解かれ、騒動は決着した。幕府も藩も、いかにキリシタン取り締まりに対してデリケートだったかがうかがえる。

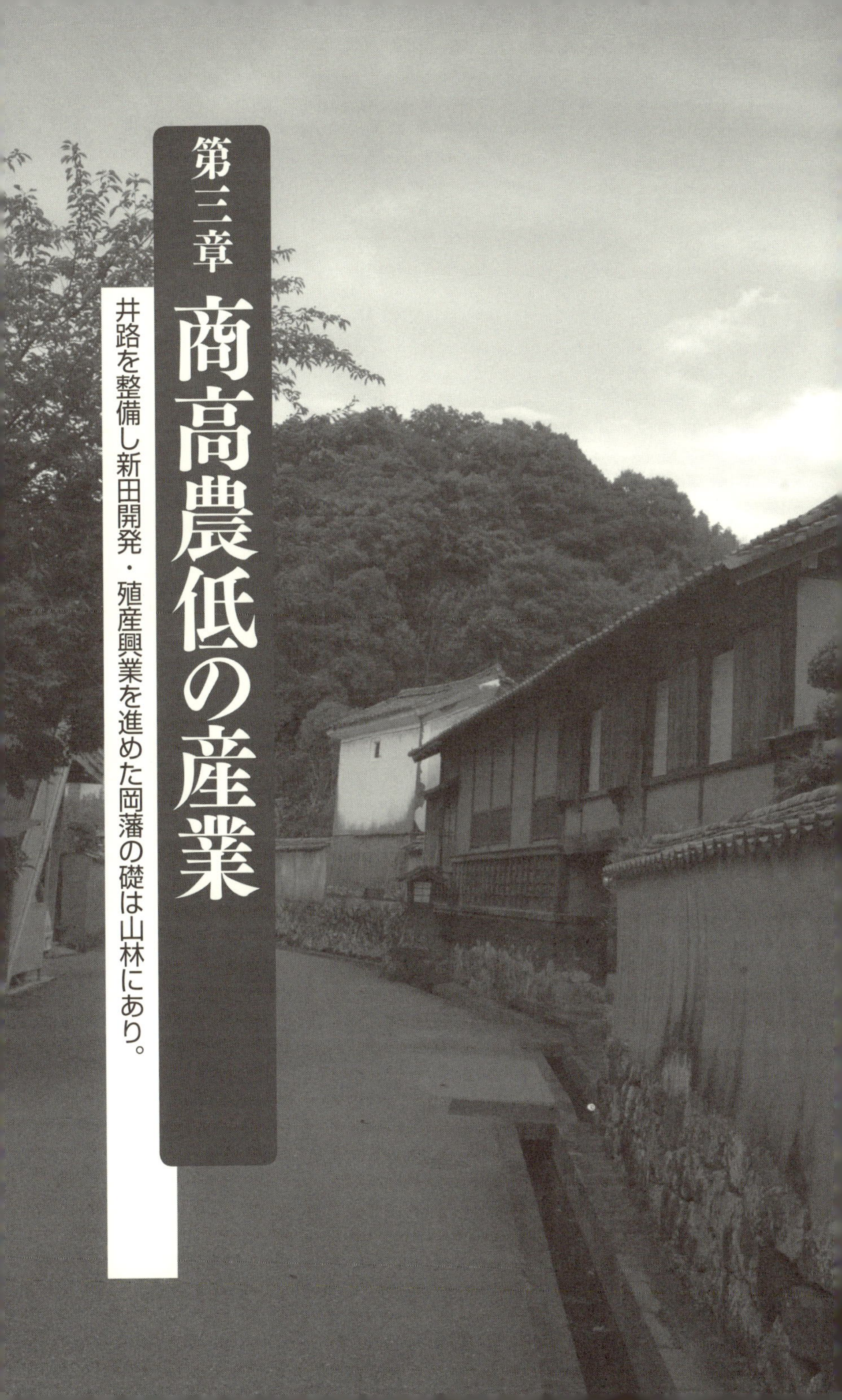

第三章　商高農低の産業

井路を整備し新田開発・殖産興業を進めた岡藩の礎は山林にあり。

1 農業を取り巻く環境

幕藩体制の経済基盤は、百姓が生産する米を中心とする年貢で支えられていた。
したがって、いかにして百姓を統治するかが課題であり、
年貢をいかに効率よく、しかも一定量を確保できるかが求められた。

厳しい管理下の百姓

慶安《けいあん》二年（一六四九・二代久盛）二月、幕府は「慶安御触書《けいあんのおふれがき》」を発布し、農民の移動転職をはじめ、衣食住すべての面で制約を設けた。この法により農民は、土地に縛られ、農業生産に従事するだけの存在とされた。

三二カ条に及ぶ条目の中には、農民は年貢を納めるためのものとしか扱っておらず、支配者側の一方的な考えが盛り込まれている。

寛永《かんえい》二十年（一六四三・二代久盛）には、幕府は「田畑永代売買禁止令《でんばたえいたいばいばいきんしれい》」、延《えん》宝《ぽう》元年（一六七三・四代久恒）には「分地制限令《ぶんちせいげんれい》」を定め、農民が自由に土地を売買したり、無制限に子どもに分与することを禁止し、その拘束を強めた。

その拘束は岡藩においては、具体的で細部にわたって厳しかった。この厳しさ

は、明暦三年（一六五七・三代久清）、奉行が村々に発した郷中条目に見ることができる。その一部を挙げると、

○侍に対して百姓は傘、鉢巻《はちまき》を取り、土下座《どげざ》すること
○百姓は城から一里以内は馬に乗ってはいけない
○口論を禁じる
○賭博《とばく》や勝負がましいことを禁ずる
○境界争い、水争い、そのほか口論の時、杖棒《つえぼう》を持ち出すことを固く禁ずる
○〝父母に孝行《こうこう》〟の者がいたり、極端な不幸者がいたら知らせよ
○子殺しを固く禁じる

などである。

農村の支配体制については、前に触れたが、ここに改めて記しておこう。
天和《てんな》二年（一六八二・四代久恒）、ほぼ領内一統支配体制が確立した。その後、宝永三年（一七〇六・五代久通）になると、それまでの千石庄屋《せんごくしょうや》が、大庄屋に改められた。これは、単なる名称変更ではなく、「役儀裁判なし難き者は、役儀を召し上げる」という統治体制の完成を意味した。このことにより、

郡奉行——代官——大庄屋——庄屋——村役人——百姓

という支配体制が確立した。

支配体制ができると、各層に給付《きゅうふ》、特権が与えられた。

まず大庄屋には、石高千石につき五石の引高《ひきだか》★と、拝領地として石高五石、給米として三石五斗が与えられた。

庄屋の給米は村高《むらだか》百五十石以下の村には十石、三百石以上には二十石となっている。

村役人の肝煎《きもいり》の給米が年一斗五升、引高は村高百五十石以下の村では五石、三百石までの村は九石となっている。

村横目には引高三石が与えられた。これらのほか、帯刀《たいとう》、脇差《わきざし》、合口《あいくち》の携帯、苗字の許可などの特権が、身分により与えられた。

一方、百姓を見てみると、作高ごとに帯刀、衣類の種類、傘、履物《はきもの》まで制限が加えられた。

以上のように、農民の生活は、農地に縛られ、特権という名の下に厳しく生活、衣食住まで制限され、農村支配は徹底されていったのである。

▼引高
年貢を納める時にそれぞれの役職に与えられた配当。

年貢取り立ての変遷

藩の財政は、領内の農村から徴収する年貢がその基本となった。

年貢は米を主体としたものであったが、江戸や大坂や各藩の城下町を中心に流通経済が盛んになり始めると、米のほかに多様な作物や工芸資材が、年貢として扱われるようになった。

そこで、米や大豆などは〝本途物成《ほんとものなり》〟と呼び、各種農作物、山野での採取植物、山川で獲れる魚や鳥、そして水車などの農民稼業による収益に課せられる年貢を〝小物成《こものなり》〟と呼んだ。

年貢は、田畑の検地により土地の所有者や石高により、地域ごとに〝免《めん》〟という納入率（免相）が定められ、石高に免を乗じて年貢量が決められた。

岡藩における年貢取り立ての歴史の変遷を追ってみよう。

中川氏が入封の当初は、毎年検見《けみ》を行って田、畑、屋敷は個別に年貢が定められ、承応三年（一六五四）に郡奉行が設けられ、納税に対する職務を担当することになった。この折の検見は、毎年秋に業務が集中し、年貢を決定するのに複雑な作業と時間を要し困難をきたしていた。

そのため、万治二年（一六五九・三代久清）から寛文八年（一六六八・四代久恒）の十年間、領内惣検地《そうけんち》を実施し、翌九年に田、畑、屋敷地を組み合わせるとともに、畑の年貢は、夏延米《なつのべまい》として米に換算して納入する制度を導入した。これを〝土免〟と呼び、耕地の生産力そのものを基準とし、田畑の良し悪しを勘案して年貢率を決定するものであった。しかし、その年の自然条件の豊凶を加味しなかったため農民の不満は少なくなかった。

そこで天和二年（一六八二・四代久恒）に免奉行を置いて、春先に村を廻り作柄を検見し、さらに前年の実績を加味して年貢率を定める〝春免〟が行われるようになった。

〝春免〟は、約六十年間にわたって用いられた。その後、延享元年（一七四四・八代久貞）に実施された〝延享の改革〟で税制が大きく改革され、〝定免《じょうめん》〟と呼ばれる税を一定の税率に固定する税制が導入された。

天明四年（一七八四・八代久貞）になると、農民が定まった税率を担う〝受免方式〟がもたれたが、原則は定免と同じ方式が用いられ、この方式が幕末まで続くことになった。この税制では、天災などの不時の出来事の時は、臨時に現況を査察して課税する〝破免★検見〟などの特例措置が取られた。

▼破免
税率を見直すこと。

高い年貢率による困窮

岡藩の年貢率、すなわち免は、時代により、あるいは地勢により変化したので、その実態の特定は難しいが、「御覧帳細注《ごらんちょうさいちゅう》」の「免之事《めんのこと》」に資料が残されているので、その実態を紹介しておこう。

表で分かるように免相（税率）の最高は十成《となり》すなわち一〇割で、最低は一ツ七分、一割七分となっている。

領内税率の分布表

税率	村数	比
10割	9	2%
9割9分～9割	33	5%
8割9分～8割	74	13%
7割9分～7割	156	27%
6割9分～6割	142	24%
5割9分～5割	68	12%
4割9分～4割	44	7%
3割9分～3割	45	8%
2割9分～2割	13	2%
1割8分	1	
1割7分	2	
計	587	100%

村数の分布としては、免が六割台から七割台の村が約五〇パーセントを占めている。

驚くのは、免一〇割の村が、井上、野尻など九村もあることである。免が一〇割ということは生産米の全てを年貢として差し出すことを意味しており、百姓の生活はどうなるのかと首を傾けたくなる。

しかし、寛政十一年（一七九九・十代久貴）の郡奉行廻村の調書物「村々産《むらむらさん》物之覚《ぶつのおぼえ》」の一節には、巡検使が宇田枝村で、免相を尋ねると「十成」と聞いて、「全国でも例のない高率」と驚いた、庄屋を呼び出して実情を聞いてみると、「新しい井手ができた当時は、十成の年貢を納めてもいくらかは手元に残ったが、年々収穫量が減り、今ではできた米のすべてを年貢として出さねばならない」と嘆いたとあり、これこそ岡藩の年貢率がいかに高かったかということをうかがわせる逸話である。

年貢は、村ごとに割り当てられ、村全体に年貢納入の責任を持たせる村請制《むらうけせい》が実施された。村中に欠落《かけおち》や潰れ百姓があると、村の共同責任として年貢の完納を達成せねばならなかった。

高い年貢率、相次ぐ災害で、農村経済は困窮した。寛政十一年、当時の老職中川藤四郎広倫が、十代久貴に次のような報告をしている。

明和期（一七六四〜一七七二・八代久貞）以降、自然災害や火災が相次ぎ、復旧にかかる役務に壮年層や困窮者が動員され、本来の耕作に労力が注げなくなった。そのため、米やほかの作物の生産高は、豊作、凶作にかかわらず、生産は不振となっていった。

その結果、農村は困窮し、人口が減り、労働力不足に陥っている。ちなみに、「三郡郷中人別之事《さんぐんごうちゅうにんべつのこと》」には、享保から安政期までの人口の推移が記録されている。ピックアップしてみると、享保《きょうほう》十四年（一七二九・六代久忠）に一〇万七〇四二人いた三郡の人口は、安永《あんえい》九年（一七八〇・八代久貞）には、八万四七七七人に、天保《てんぽう》十一年（一八四〇・十一代久教）には、六万九三九七人に、さらに嘉永《かえい》四年（一八五一・十二代久昭）には、六万六七七六人に減少し、その後安政《あんせい》期（一八五四〜一八六〇）まで六万人台で推移している。

その結果、労働力不足のため田畑が荒れ、岡藩における実質の年貢生産額は、米・豆で六万四千五百石である。寛文四年（一六六四）に幕府の朱印状に記された七万四四百四十三石と比べると六千石もの減少で、いかに農村の生産力が低下しているかが分かる。

以上のほか、新田開発のため労力が取られるので、これまでの農地を荒らしてしまい、結果的に生産高が減少した。また寺社普請の負担も小さくない。

こうした百姓の窮状が久貴に報告されたのである。

② 殖産と新田開発

年貢の拠出は米が基本であったが、時代が進むにつれて米以外のいわゆる副産物も盛んに生産された。
こうした産品にも課税され〝小物成〟と呼ばれた。
また岡藩では、これまでにない大規模な井路開発が行われ、その周辺には新田が開かれた。

地域色豊かな産物

〝小物成〟は、本年貢以外に課せられる雑税と付加税をいい、岡藩の初期は、真綿《まわた》、漆、紙の三品を称したが、「大野郡大形組村明細帳《おおのぐんおおがたくみむらめいさいちょう》」によれば、麻苧《あさお》、真綿、漆《うるし》、茅筵《かやむしろ》、庭筵《にわむしろ》、麻糸《あさいと》、薪《まき》、畳《たたみ》などが記されており、時代の変遷、経済の拡大によりその産物の種類と生産量は増加したものと思われる。

「村々産物《むらむらさんぶつ》之《の》覚《おぼえ》」には、寛政十一年（一七九九・十代久貴）の頃の岡藩領六九組のうち、三九組の産物が記されている。

組ごとに記された産品は、その地域の農業を知る上で、また地勢を知る上で興味深いので紹介しておこう。

村々産物之覚

直入郡	
飛田《ひだ》組	紙緒の草履《ぞうり》、藁《わら》かまぎ
君ケ園《きみがその》組	紙緒の草履
平田《ひらた》組	川筋河茸、イグサで編んだ敷物、つくも草履、川海苔
北尾鶴《きたおつる》組	かぶら
葎原《むぐら》組	自然生えの大根
次倉《つぎくら》組	酒樽、山こうぞ
神原《こうばる》組	消し炭、串柿、干椎茸
倉木《くらき》組	ワラビ、消し炭、山芋、樽、樒《しきみ》
太田《おおた》組	真綿、篩《ふるい》細工
門田《かどた》組	石臼、石細工、真綿、前胡《ぜんこ》（せり科の多年草）、萌豆《もやしまめ》
三宅《みやけ》組	瓦師四軒
湯原《ゆのはる》組	温泉一カ所、七嶋表《しちとうおもて》
阿曾野《あその》組	蓑《みの》
長野《ながの》組	温泉一カ所、七嶋表、川芎《せんきゅう》（薬草）
仏原《ほとけばる》組	七嶋表
有氏《ありうじ》組	温泉一カ所、七嶋表、蓑、川海苔
柏木《かやぎ》組	茅筵《かやむしろ》、七嶋表、蓑、川芎《せんきゅう》（薬草）
植木《うえき》組	焼き物師
大野郡	
奥高《おくたか》組	布渋紙（柿渋を用いた布）、杖、杓子《しゃくし》、抹香、下駄、松茸、香茸、干し椎茸
冬原《ふゆばる》組	シュロ、箒《ほうき》、七嶋表、馬鞍
馬背戸《ませど》組	楮《こうぞ》、皮楮《かわこうぞ》、鍬《くわ》の柄
日小田《ひこだ》組	皮楮《かわこうぞ》
宇田枝《うたえだ》中	炭、山灰、四百枚紙
中津留《なかつる》組	小中折り紙、黄色の紙、山灰、椎茸、香茸、紫（染料）、シュロ縄
重岡《しげおか》組	奉書紙、折り紙、蕨《わらび》粉、麻糸
小野市《おのいち》組	奉書紙、黄色の紙、椎茸、茶、ゼンマイ、石灰
伏野《ふせの》組	蓑、年貢紙
牧《まき》組	皮楮《かわこうぞ》、雨傘
軸丸《じくまる》組	布、竹の皮笠《かさ》
上自在《かみじざい》組	布、茅《かや》ござ
矢田《やだ》組	串柿《くしがき》
土師《はじ》組	炭かま
栗ケ畑《くりがはた》組	炭かま
原田《はらだ》組	米ふるい、竹の皮笠
田原《たはら》組	川舟
今山《いまやま》組（今市組）	木灰、けし炭、香茸
梨原《なしはら》組	干し柿
大分郡	
三佐《みさ》村、海原組	青海苔、お子海苔（寒天）、ハマグリ、シジミ、アミ、舟、塩屋
	一組不詳

このように各地で米以外の産物が盛んに生産された様子がうかがえる。
これら産物すべてが、小物成として年貢対象になったかは不明だが、盛んに特産物を作り、厳しい経済の一助にしようとする百姓たちの姿が浮かんでくる。

延びる井路と新田

岡藩における農業で特筆しなければならないのは、井路《せいろ》（水路）の発達である。それまでの水田は、谷間の湧き水を直接利用したり、灌漑《かんがい》水利と言っても、谷間の水をせき止めて井路で導くといった原始的なものであった。そうした灌漑水利技術に革命をもたらしたのが、熊沢蕃山《くまざわばんざん》である。

蕃山は、元和《げんな》五年（一六一九）京都で生まれ、儒学者として活躍し、天下第一の経世家《けいせいか》として名を馳せた人物。岡藩三代藩主中川久清が伏見（京都）に住んでいた青少年期の、学問の師匠である。蕃山は、治山治水の名人でもあった。

万治《まんじ》三年（一六六〇）、三代久清は、蕃山を岡藩に招聘し、灌漑水利などについて教えを請うたのである。その指導を受けて掘削されたのが、城原井路《きばるいろ》と緒方《おがた》井路である。

城原井路は、蕃山の技術指導に従い、久清が、町奉行・青木孫左衛門《あおきまござえもん》と森本又《もりもとまた》衛門《えもん》に命じて造らせた最初の本格的な井路といわれている。工期は、寛文《かんぶん》元年

城原井路

緒方井路

（一六六一）から三年間を要した。

幹線距離七・七キロメートル、支線を含めた総延長一三〇・七キロメートルの大規模なものだった。

井路完成に伴い、周辺では大規模な水田開発が行われ、その受益面積★は、五四〇ヘクタール（現在は三五〇ヘクタール）に上った。

また緒方井路は、元和九年（一六二三）、二代久盛が工事を開始したが、工期は長期間にわたり、三代久清、四代久恒に引き継がれ、五十年もの時を費やして、寛文十一年（一六七二）に完成した。総延長一七キロメートル、受益面積は、二三二ヘクタールに及ぶ規模である。

この城原、緒方井路を契機として、一七〇〇年代まで盛んに井路、堤が造られた。その築造年が、「御覧帳細注」の「井手普請之事」にあるので列挙しておこう。

▼受益面積
井路によって潤される耕地面積。

築造年	藩主	掘削された井路・堀
寛永十九年（一六四二）	二代久盛	犬飼井手
正保二年（一六四五）	二代久盛	原尻井手
承応三年（一六五四）	三代久清	原尻下井手完成、和田村まで通水
承応三年（一六五四）	三代久清	湯原井手

寛文元年（一六六一）	三代久清	城原井手
寛文二年（一六六二）	三代久清	上自在井手 同十一年馬場村、井上村、野尻村掘り貫き、佐田村まで通水
寛文九年（一六六九）	四代久恒	田中組堤
寛文年中（一六六一～七三）	三代久清～四代久恒	小野市堤
延宝年中（一六七三～八一）	四代久恒	荒平井手
元禄三年（一六九〇）	四代久恒	田中組若宮堤
元禄三年（一六九〇）	四代久恒	原田組倉波堤
元禄三年（一六九〇）	四代久恒	中角組井手
元禄四年（一六九一）	四代久恒	阿志野組四方水堤
元禄八年（一六九五）	四代久恒	原尻上井手
元禄十一年（一六九八）	五代久通	次倉組上瀬口村井手
元禄十三年（一七〇〇）	五代久通	中角組紙漉井手
元禄十五年（一七〇二）	五代久通	阿鹿野組刈小野井手
元文三年（一七三八）	六代久忠	倉木組倉木堤

以上、犬飼井手から倉木組倉木堤まで一八の井路の記載がある。

藩内にめぐらされた水路

このように規模の大きな井路は、藩が直接経費を負担する〝御普請《ごふしん》〟と呼ばれた。藩が積極的に井路開発を行ったことがうかがえる。

一方、村や百姓が負担するものは〝自普請《じふしん》〟と呼ばれた。自普請による水路は、寛政四年（一七九二）の記録によれば、「その数五五〇〇余り」とあり、まさに血管のように無数の井路が藩内農地に張り巡らされていたことが分かる。

こうした井路の建設、それに伴う新田開発で、当初は耕地面積が増え生産力は上がったものの、さらなる開発で百姓に過重な公役が課せられ、その結果、現耕地に手が回らなくなり荒地が増加するという、本末転倒の状況が生じた。

「生産量は、豊作、凶作にかかわらず、不熟で収穫減少に陥り、困窮した」と、前述した老職中川広倫の報告に記されている。

3

賑わう商業城下町

城下町づくりが進展するに従って、城下の商業は大いに発展した。天保十三年（一八四二）の記録では、城下町の竹田の町は、総戸数は五五七軒、人口は二四三九人の規模に膨らんだ。

京風の町で活発化する商い

竹田の町は、湿田を埋め立てて造成され、東西五条、南北四条の碁盤の目状のいかにも京風の町並みができ上がったことについては、前述した。町並みが大方の形を整えるのには、城下町づくりが始まった文禄《ぶんろく》三年（一五九四）から約一世紀の期間を要した。

その規模は、内町が、東西三町一〇間余り（約三五〇メートル）、南北二町四間余り（約二三〇メートル）、古町《ふるまち》が東西一町四八間余り（約二〇〇メートル）、南北三五間（約六五メートル）であった。

碁盤の目状に整備された町では、町割りが行われた。

古町においては、明和期（一七六四〜一七七二）から寛政期（一七八九〜一八〇

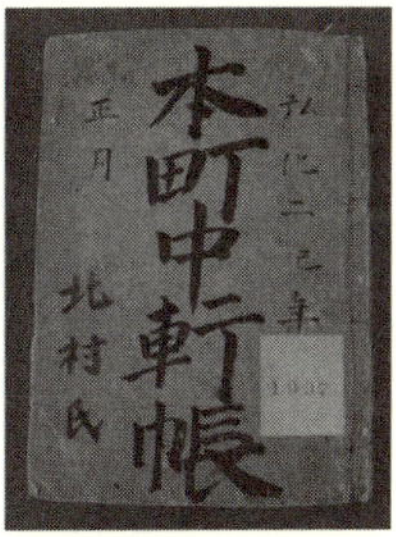

「本町中軒帳」（弘化２年の各店舗の間口が記載されている）

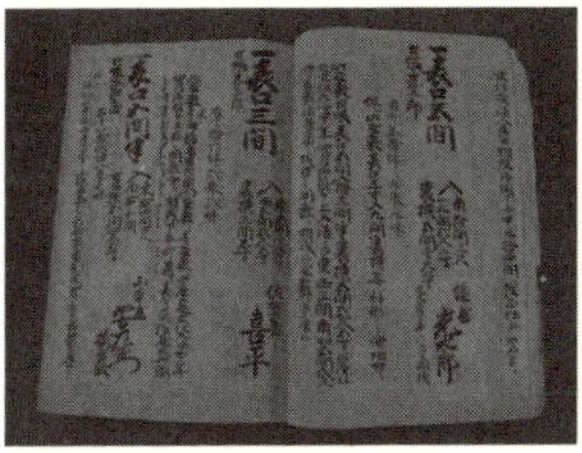

「本町中軒帳」内部

一）にかけての記録では、概ね間口二間、奥行き一五間の短冊形《たんざくがた》の町家が、標準となっている。

また新町は、間口二間、奥行き一八間、上町では、間口七間、奥行き一三間という記録が残っている。

これらが一律ではないのは、商いの内容あるいは度重なる火災により町割りの変更がなされたことなどが考えられる。

町家については、竹田の造成ができた時に、在郷の玉来《たまらい》地区から移動させられた五三軒の商家と、初代秀成の移封に同行した旧領地の商人が基本的な町並みをつくったものと思われる。その後、商圏の拡大に伴い、大隈屋《おおすみや》、備前屋《びぜんや》、難波屋《なにわや》、伊勢屋《いせや》、長崎屋《ながさきや》などの屋号を持つ商家が、藩外から移住し、町並みに厚みと賑わいを与えたものと思われる。

天明三年（一七八三）に竹田町を訪れた学者古川《ふるかわ》古《こ》松軒《しょうけん》★は、『西遊雑記《さいゆうざっき》』の中で「町は大変よい町で、諸種の品物も自由に求められるところである」と記している。

天保十一年（一八四〇）に調査された「惣町商売株名面帳《そうまちしょうばいかぶめいめんちょう》」には、竹田町で二一種の〝商い株〟を八六人の商人が所有していたことが記されている。その内容は、

薬種株五、酒造株一一、下《くだ》り酒《ざけ》小売株六、味噌醤油株七、酢株二、油賃絞《ちんじめ》株

江戸期の商家の名残をとどめる軒並み（上町通り）

▼古川古松軒
江戸後期の地理学者・蘭方医。諸国を周遊して交通、風俗、物産、史跡を研究した。一七二六〜一八〇七。

一三、鬢付仕入《びんつけしいれ》頭株七、鬢付煤《びんつけすす》株八、魚問屋株六、七色問屋株一、鮮煎雑魚橙青海苔問屋株七、樟之皮《しょうのかわ》問屋株一、鉄地金《ごうじがね》株一、線香職株一、魚油《ぎょゆ》問屋株一、石炭問屋株二、紅染《べにぞめ》株一、田楽商《でんがくしょう》一、半夏《はんげ》株一、材木問屋株一、直《じか》油《あぶら》 株三

となっており、前述した『西遊雑記』に「周辺四、五里の間には店が一カ所もないので、全部この城下で求めなければならないため、商人が何でも不足のないように準備している」とあるように、周辺の農村を巻き込んだ商業地区となっていたことがうかがえる。

これらの商い株は、多くの場合世襲されたが、他人に売り渡す場合もあった。また〝催会株《もあいかぶ》〟と呼ばれて共同経営の形態をとるものもあった。

「惣町商売株名面帳」から、商人の屋号を引き出した記録があるので紹介しておこう。

○本町・木屋、麹屋《こうじや》、玉屋、大隈屋、宮津屋、津国屋、松浦屋、塩屋、肥前屋、茶屋、北国屋、難波屋、増見屋、紙屋、伊勢屋
○新町・山本屋、大津屋、長崎屋、正木屋、伊崎屋、笹屋、茶屋
○上町・福嶋屋、宮津屋、茶屋、正木屋
○田町・島津屋
○府内町・茶屋

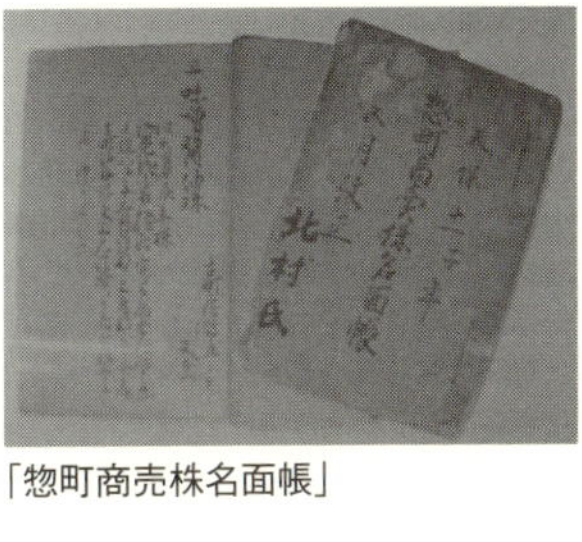
「惣町商売株名面帳」

防火のために漆喰壁でおおわれた商家

○古町・大穀屋、長門屋、広島屋、三藤屋

屋号からは、取り扱う品物の名前がそのまま使われている商店、出身地の名前が屋号に使われているものなど、町が多種多彩な商家で活気に溢れている様子がうかがわれる。特に出身地については西日本全体にわたっており、閉鎖的なイメージの強い幕藩体制において、商業や商圏が、ダイナミックに展開していたことがうかがわれる。

町の運営と防火・防災

城下町竹田は、当初は竹田村の庄屋が支配していたが、承応《じょうおう》三年（一六五四）、太田源右衛門《おおたげんえもん》と沢儀右衛門《さわぎえもん》の二人が町奉行に任命され、町の管理を専門に行うことになった。そして元禄《げんろく》九年（一六九六）には、町の出入りを警備する七カ所の口番所《くちばんしょ》が整備された。

町の運営については、本町に二人、上町、田町、新町、府内町、古町にそれぞれ一人の乙名《おとな》と呼ばれる、いわば世話人頭を置いた。乙名には、面積で割り出した坪銀《つぼぎん》が集められ、〝苦労銀〟として支給された。

乙名の下には、組頭、宗旨横目、町目代そして加談役が置かれた。

乙名は、毎月寄り合い、掟や商売など、町の運営についての話し合いをもった。

防犯対策として、自身番所《じしんばんしょ》七カ所が設置され、家持ちの町人が務めた。二人勤務で、暮れ六ツ（午後六時）頃から明け六ツ（午前六時）頃までの勤務時間だった。

町内には、未決の一般犯罪者を収容する本牢《ほんろう》と身分格式の高い者を収容する揚屋《あげや》があり、いずれも町奉行が管理した。

また詮議中の未決者を収容する質屋《しちや》が設けられ、郡奉行が管理した。

ほかに、町内夜廻りが七組あり、それぞれに町中から二人ずつ家持ち、借家の区別なく務めなければならなかった。そして風が強い日は、増廻《ましまわ》りといって増員された。城下町で火災が起こった時には、郡奉行、町奉行が駆けつけ、町人を指揮して消火に当たった。

町中の宿泊については、旅人は、往来手形《おうらいてがた》を提示して滞在を申し出ると、宿主は、請負書を作り町奉行に届け出た。奉行は、三日間の許可を出した。旅人は、旅人帳に記帳の上、宿泊した。旅人宿は、それぞれの町に一カ所ずつあった。

天保十三年（一八四二）の記録では、竹田町は、本町、上町、田町、新町、府内町、古町の六町の総戸数は五五七軒、人口は二四三九人の規模だったと記されている。

これも岡

訪ねてみたい岡藩の遺産(2)

武家屋敷通り

竹田市殿町には、武家屋敷通りが残されている。かつては、通りの両側に武家屋敷が軒を連ねていた。この地域に住んでいたのは、石高が百石台の、中堅武家だった。

現在は、道の両側に塀と門が一二〇メートルにわたり残されている。風雪に耐えた塀と風格のある屋敷門は、歩く人をたちまち岡藩士気分にさせてくれる。

特に古田家の中間《ちゅうげん》長《なが》屋《や》門《もん》は、昭和六十三年（一九八八）に解体保存修理が施された、存在感のある建物である。この修理により長屋門の半分は、弘化四年（一八四七）に建てられ、江戸期の間、中間長屋として使われ、その後、明治初期に養蚕《ようさん》のために、中間長屋と門を棟続きとして、長屋門に改築されたことが分かった。

江戸期の武士の生活を知る上で貴重な建物群である。

今市の石畳

中川氏は、沖の浜～稙田《わさだ》～野津原～今市（以上大分市）～追分～高伏～竹田（以上竹田市）を参勤交代道とし、その中間点の今市に宿場を設けた。また肥後街道の通過点で肥後藩主の参勤交代道でもあったので、町並みが発展した。

現在は、その名残として、幅二メートル、延長七〇〇メートルの石畳道が保存されている。道の中央付近は、鉤の手に二度直角に曲がっている。これは、町の全体が見通せず、鉄砲の弾も通過しない防御の備えの造りであった。

（大分市役所提供）

町並みの両端には、警護のための門が設けられ、四〇軒を超える旅籠や商家があったという。現在も本陣をはじめ、茶屋、代官所、商家の屋号などの看板が、往時を偲ばせてくれる。

三佐の野坂神社の絵馬

岡藩の参勤交代、年貢米の大坂、江戸への海運の拠点として栄えたのが在郷町三佐《みさ》だった。

三佐の町割りは、東西、南北方向にそれぞれ碁盤の目上に区切られていた。広小路から南北に本町通り、中町通り、裏町通りの三本が走り、広小路に平行に二筋の通りが通っていた。

町の屋敷地は、大小二六〇に分かれ、その多くが町家で、その中に岡藩家臣の館があった。

町の一角に野坂神社がある。そこに掲げられているのが、〝岡藩船三佐入港絵馬〟である。

絵馬には、中川氏が参勤交代で、三佐港に入港する折の風景が描かれている。絵馬の左隅には、「豊後州岡城　従五位下中川修理大夫源朝臣久貴」の銘が見える。十代久貴が、航海安全を祈願して文化十年（一八一三）に奉納したものである。

塩屋土蔵

現在の竹田市内の本町通り、下本町通り、八幡小路に囲まれた一角に〝塩屋土蔵〟がある。城下町竹田は度々火災に見舞われ、かつての商家は、ほとんどが姿を消した。そうした中で塩屋の存在は、岡藩時代の面影を残す貴重な存在である。

塩屋自身も度々の火災に見舞われ、現存するのは、天保十四年（一八四三）の大火の後、再建されたもので、棟札から元治二年（一八六五）の築であることが分かる。

塩屋の表通りに面する母屋は入母屋《いりもや》造り、奥は切妻造りの瓦葺《かわらぶき》で総漆喰造り。母屋は、総二階建てで、母屋に続いて、中蔵、古蔵が並んでいる。二階は、板敷きの倉庫になっている。

周辺は、今も商業が営まれ、塩屋から漂ってくる岡藩時代の商人たちの息遣いは、現在にも生き続けていることを実感させてくれる。

	小原・杵ヶ原・高沢
竹田村 [1]	竹田
挟田組 [7]	挟田・十川・柴栗・田尾（以下三村は大野郡）北泉・坪井・大塚
三宅組 [10]	部動寺・真菰・近地（大野郡）・早水・小賀・中・村挟・立石・楠山・枝
植木組 [14]	政所・荻迫・鬼田・田平・井無田・入草・小高野・山田・橋宇津・古殿・西長田・長慶院・高尾・辻迫
飛田組 [8]	瀬口・田原・平・鹿口・上鹿口・七里・下木・千引
平田組 [11]	平田（上中下）・十一・小仲尾・法木・左右水・折立・内ヶ倉・中野・平・柿木・古園
穴井迫組 [12]	穴井迫・庄屋・宇土・薊・渡瀬・山口・山中・岩瀬・大中島・山田・向山田・漆迫
君ヶ園組 [13]	矢倉・下矢倉・鍵畠・君ヶ園・栃瀬・鶴原・拝田原・桜瀬・山手・久原・板折・塩付・荒牧
玉来組 [11]	玉来・阿蔵・中尾・恵良・篠田・猿口・八世・岩本・両台小野・粟生・河原立
門田組 [9]	河宇田・矢原・篠尾・山田・大仲寺・大津留・平原・長小野・小高野
太田組 [8]	牧・長田・政所・江内戸・中野（大野郡）・横平（直入郡）・牛ヶ迫（大野郡）・木野
倉木組 [3]	倉木・田井・大石（大野郡）
神原組 [8]	神原・名子園・舞渡・中角・辻原・井手上・波木合・振顔野
九重野組 [10]	代滝辺・久小野・小川・百木・二俣・尾・高原寺・鹿風紺屋・田原・安養寺
次倉組 [7]	次倉・宮砥・高山・国重・長迫・下戸・上瀬野口
柏原組 [19]	柏原・新藤・高練木・中山・市俵野・池原・宮平・田代・鴫田・瓜作・入作・叶野・八屋・西福寺・吉野・中畠・舞次・下迫・陽目
恵良原組 [12]	原・恵良原・井戸・高城・上行年・下行年・馬背野・下津江・南河内・瀬目・野鹿・仁田川
葎原組 [17]	藤渡・平原・火渡・小畠・政所・桑木・山崎・切渡・滝水・木下・杉園・馬渡・新藤・蒔迫・宮園・馬場・谷尻
菅生組 [13]	菅生・上菅生・甘橡・塚原・原山・小塚・池部・田代・今・石井・宮園・楠野・戸上
中角組 [8]	久保・中・西園・添ヶ津留・下志土知・市用・志土知・川床
阿鹿野組 [7]	阿鹿野・刈小野・桑迫・上畑・炭竈・上坂田・入作
北尾鶴組 [11]	北尾鶴・長田尾・福原・鉢山・神田・深迫・宇土・下坂田・松尾・熊地・小川
木原組 [12]	木原・和泉・原・轟木・鍛冶屋・法泉庵・米納・紙漉・雉ヶ平・長迫・高伏・森屋
栢木組 [11]	栢木・馬場・橋爪・冷川・山路・八山・老野・塔立・峯越・柚木・古市
仏原組 [4]	仏原・洲崎・石田・市
有氏組 [9]	岳麓寺・有氏・板切・塔原・七里田・湯上・小柳・向原・石原
長野組 [9]	長野・筒井・新田・下河原・原・栃原・日向塚・桑畑・上野
湯原組 [9]	湯原・下迫・社家・仲・久保・柚柑子・沢水・辻・冬田
阿蘇野組 [8]	伊小野・中野・日ヶ暮・柏木・高津原・上重・井手下・原中山
三佐村 [1]	三佐
海原組 [2]	海原・葛木
仲村組 [2]	仲・秋岡

岡藩の組・村一覧

組	村数	村
片ヶ瀬組	5	片ヶ瀬・草深野・炭焼・大久保・上片ヶ瀬
上自在組	3	上自在・原尻・年野
軸丸組	3	軸丸・下自在・馬場
井上組	3	井上・打越・漆生
牧組	8	野尻・徳部・長迫・柏原・松尾・宗福・柿木・鉢山
河宇田組	4	知田・河宇田・野中・小野
日小田組	8	小原・蔵内・宮津留・柏野・長小野・中・左草・宇田
宇田枝組	10	宇田枝・井崎・津留・高城・近江・宮迫・左右知・深谷・轟・中山
伏野組	4	伏野・中津無礼・中野・高寺
中津留組	7	中津留・押川・久部・内平・大白谷・板屋・代
小野市組	21	小野市・釘戸・上津小野・奥畑・木浦内・西山・藤河内・上河尻・奥江・中嶽・柿木・酒利・千束・伏野・豊藤・楢野木・中津留・古屋園・田原・田代・柳瀬
重岡組	21	重岡・鹿乗・田野・市園・蔵小野・川又・塩見園・内田・見明・花木・上爪・伏部野・上中江・平野・菅・大原・宮野・長内・上河内・神田・小野芋瀬
今山組	4	中・久土知・宮園・犬塚
馬背戸組	9	馬背戸・広石・徳尾・鹿屋・小畑・大無礼・泉園・石原・丸小野
冬原組	11	冬原・上冬原・花木沢・徳田・飛尾・下徳田・柚木・梅木・宮畑・尻井・上年野
奥岳組	10	小原・栗林・小中尾・谷門・上畑・大・仲野・滞迫・栗生・堂内
小宛組	10	小宛・桑津留・多良原・辻・寺原・牧原・枝石・知原・中尾・寺山
大形組	7	上野・志賀・宮迫・大渡・瓜生・原・津留
矢田組	8	矢田・岩上・中角・両家・徳尾・小倉木・木浦畑・左渕
片島組	12	片島・田尾・井野・相ヶ迫・代三五・鏡・萩田尾・萩尾・中道・牧原・高無礼・岡
原田組	6	原田・倉波・大木・田原園・漆生・山久保
柴山組	5	柴山・日向久保・高畑・石田・新殿
田原組	7	田原・下津尾・野首・真萱・内河・大迫・長峯
柴北組	10	柴北・高津原・山田・山野田・柚河内・宇津尾木・三嵩・黒松・千束・葛川
栗畑組	6	長小野・田口・船木・栗畑・尾平・山内
土師組	11	安藤・黒岩・貫原・中土師・長尾・若杉・木浦内・山峯・河面・沢田・師田原
菅田組	10	杉園・茜・小切畠・光昌寺・谷・上園・三木・原・折小野・十時
藤北組	8	藤北・丸山・府手・宮迫・宮原・犬山・木原・高野
田中組	6	佐代・影木・田中町・妙勝庵・藤波・若宮
田代組	6	中野原・駒方・川北・河南・犬山・郡山
酒井寺組	9	門前・平野寺・岡倉・大鳥・住吉・窪・庄屋・代野原・小原
市万田組	6	市・和田・田・瀬口・館・池在
直北組	4	向原・古殿・北園・桑原
板井迫組	5	板井迫・平井・朝倉・堀家・樋口
阿志野組	5	綿田・徳野原・臼木・中熊・北平
梨原組	8	栗栖・鳥屋・梨原・小河野・志屋・田夫時・堤・神鉢
今市組	7	今市・練ヶ迫（以上二村は直入郡）・荷小野・尾原・

④

岡藩の礎・林業と鉱山の盛衰

山林の持つ多様な資源と機能は、藩の産業発展、町づくり、治山治水などに大きな役割を果たした。特に風水害、火災の多かった江戸期にあって、木材の供給は必須のものであった。尾平、木浦両鉱山で生産される錫、鉛、銀などは、岡藩を特色付ける産業であった。

多様な林業資源

山林は、樹木は建築資材、土木資材、船舶資材に、枝や雑木は薪炭《しんたん》に、草は牛馬の飼料となる秣《まぐさ》に、また刈り敷きは田畑の肥料として用いられるなど、多様な資源供給の場であった。そして、食材、薬材、染色材、屋根葺き萱《かや》などの産物も生み出すとともに、重要な蛋白源である動物の狩場でもあった。さらには、水源涵養《かんよう》という重要な役目も担った。

中世期においては、山林原野資源は課税の対象としなかったが、江戸期に入ると、山林原野資源から生じる利益に関心が注がれ、課税の対象とされるようになった。

岡藩の法令では、寛永二年（一六二五・二代久盛）の「御政事御定書《ごせいじおさだめ》」に山林原野資源に関する初めての記載が見られる。

「一、山川茶園、竹運上、加賀、式部取立可申事」とあり、これは一般耕地外で産出する茶および竹に課税することを命じたものである。

その後、承応三年（一六五四・三代久清）には、両郡竹木奉行および山廻り五人が任命されて、森林資源に対する管理に力が注がれるようになった。

明暦二年（一六五六・三代久清）の文書には、藩の直轄する林野が設定された。翌三年には、林野資源に関する御法度が制定され、林野に生じる竹などが流通物資として取り扱われるとともに、植栽、伐採に関して規制が加えられるようになった。またこの御法度にある「御留山《おとめやま》」は、城の建築材や藩の主要土木用材を植育させるものであった。

ここで御留山について触れておきた。御留山とは藩有林のことである。御上《おかみ》（藩政府、役所）に関係することであるから丁寧に御をつける。

各藩によって内実が異なるが、一般に藩用の用材、薪炭の確保のための山林をいう。公的施設の修理、火事など非常の際に用いる材木、公的施設の勤務上の燃料に当てる。また飢餓の際、材木を伐り出し売って窮民救済に当てるとしていた。

運上山と呼ばれる藩営林もあった。これは運上金（税金）を上納させ材木を下《か》賜《し》する。

実際はまったくの売買であるが、武士の商法で売るとはいわず下げわたすという。下げわたされた者は自己資金で人を雇い、伐り出し、搬出をする。

水の目山、水の目林という御留山もあった。これは水源涵養林《かんようりん》である。単に御山と呼ばれる御留山もあった。これは入会地《いりあいち》で、村人が自由に立ち入って草木、山菜、キノコ類を採取していた。しかし資源保護のために山守りを置いて監視、管理していた場合が多い。入会地は一村や数カ村が所有することが多いが、もめ事を避けるために藩有にすることがあって御山《おやま》といった。民間所有の場合は、単に山である。

御山の実態は民間所有地である。しかし明治以後、御留山であったために官有林とされ、それが戦後、国有林となって所有権をめぐって争いとなった場合もあった。明治以後も自由に利用できたので誰も異議をとなえなかったのだが、農業以外の利用法が出てきて、いざ所有権をハッキリさせる必要が生じると面倒になるのである。

いずれの藩有林にも山守りがいた例が多いが、彼らの立場は藩側、村民側といろいろで、藩有林の呼び名、実態も各地でさまざまであった。

農業においても重要だった林野

三代久清は、「延びる井路と新田」で紹介したように、治山治水の指導を受けるために熊沢蕃山を招いた。治山における蕃山の指導は、すぐに実践に移され、藩内各所で植林が推進された。

岡城下は、度々の大火を経験しているが、特に寛政元年（一七八九）六月の大火は、侍屋敷一四三棟、寺三寺、町家五五四軒、土蔵一〇四カ所が焼失するという大災害であった。その上、同年十一月にも火災があり、内町のほとんどが焼失した。その復興には、大規模な森林伐採が行われ、山林は荒廃した。

文化四年（一八〇七）七月、飯田彦左衛門は、御用伐採が多く、山林が荒廃している状況を上申している。

そうしたことを背景として、〃天保の掟書《おきてがき》〃では、一カ条に「樹木が繁茂すれば村々には利益になるので田畑の作物に支障にならないように植樹をさせよ」と、植林を推奨する文書が残っている。

当時、一般的には、牛馬の飼料や田畑に埋め込む刈り敷きは、水田一反歩当たりに採草地五反歩、畑一反歩に三反歩が必要とされていた。農業に必要な採草地は、耕地の五倍から三倍が必要とされていたのである。岡藩の地にあっても同規模の採草地が必要だったものと思われ、林野資源は農業においても重要であったことを示している。

飯田彦左衛門の上申書には、「山国は、気候が不順なので、百姓が耕作に精出し、五穀の育ちは良く見えても最後には損耗があり収穫がなくなる。これを補うには、山や谷の竹や木から利益を得なければならない」とあるように、田畑の生産を主要としながらも、森林生産で積極的に農家経済を補完していこうとする姿勢が如実に記されている。

二大鉱山と貨幣鋳造

先に述べたように初代秀成が、移封の際、伊予の宇和島、淡路の洲本、豊後の岡の三つの候補地から豊後の岡を選んだ理由の一つに、岡には優れた鉱山があったということが挙げられる。

その鉱山が、尾平《おびら》（現・豊後大野市緒方町）、木浦《きうら》（現・佐伯市宇目町）の両鉱山と轟《とどろき》鉱山（現・豊後大野市清川村）であった。

尾平鉱山は、天文十六年（一五四七）に小屋銀山が開発され採掘が始まって以来、元和三年（一六一七・二代久盛）には蒸籠山《こしきやま》で錫《すず》、鉛の採掘が始まった。その後、薑谷《はじかみ》、慶賃谷《けいちん》などが開発された。

尾平鉱山は、当初は銀山として開発され、その後、多くの種類の鉱石を生み出す優れた鉱山だった。

木浦鉱山は、慶長四年（一五九九・初代秀成）に鉛山《なまりやま》が発見されている。

同十二年に「この度、木浦山に鉛出来、初めて御献上あり」と『中川史料集』に記され、幕府に鉛を五〇〇〇斤《きん》★献上したことが記録に残っている。その後、寛永元年（一六二四）と同二年にも三〇〇〇斤と一〇〇〇斤が献上された。そして同十一年（一六三四）にも献上された。

木浦鉱山では、元和六年（一六二〇）に銀山が開かれ、さらに十七世紀半ばには鉛山が開かれた。そして尾平鉱山と木浦鉱山の中間に位置する轟鉱山で、銀が産出されたとの記録がある。

鉱山の経営については、藩直営の御手山《おてやま》、山師★が経営を一時期請け負う請山《うけやま》、山師が自己資金で行う直山の三方法があった。

尾平鉱山の慶賃谷は、最初の三年は御手山だった。また木浦鉱山の茸ヶ迫は一時御手山となったがその後直山方式に変わるなど、定かな記録はないが、それぞれの鉱山の状況に応じて適切な方式が取られたようである。

鉱山の盛衰については、尾平、木浦両鉱山にかかわる地域人口の変化から推測すると、十七世紀の中・後期にかけて順調に生産活動が行われ、十八世紀に入ると次第に低調になり、十九世紀に入ると小規模な生産に終始したと推測される。最盛期と思われる元禄十二年（一六九九）の両鉱山の人口は、五六八人と記録されている。

藩の鉱山管理体制については、慶長十二年に木浦山御勘定奉行が置かれ、延享

▼斤
一斤は一般に六〇〇グラム、一六匁だが、品目によって異なることも多い。

▼山師
鉱山の採掘事業を経営する人。

木浦鉱山作業の様子

元年（一七四四）からは宇目代官が両山奉行を兼務するようになるなど、鉱山の盛衰によりその管理形態も変わったことが分かる。

寛永十三年（一六三六）、幕府は岡藩に対して「寛永通宝《かんえいつうほう》」の鋳造を命じた。命が下ったのは、岡藩だけではなかったが、岡藩に命令されたのは、ほかならぬ木浦、尾平鉱山という質の高い鉱山があったからである。

藩は、竹田古町に鋳銭所を設け、四年間にわたって通貨を鋳造した。

採掘に用いた道具

第四章 教育の充実と花開く文化

八代藩主久貞が整えた教育環境から田能村竹田などの多彩な文化人が輩出。

①

人材育成の拠点・藩校

江戸期はもとより、明治以降も多彩な人材が輩出し、
教育・文化の町として全国にその名をとどろかせる礎となったのが、由学館を中心とする教育機関だった。
この教育環境を整えたのが、〝岡藩教育中興の祖〟と呼ばれた八代藩主久貞である。

充実していく藩校・由学館

岡藩における藩士教育の拠点となる藩校の始まりは、享保十一年（一七二六・六代久忠）、藩に招かれた岡山の学者、関幸輔《せきこうすけ》の自宅（現・竹田市杣谷《そまだに》）に開かせた輔仁堂《ほにんどう》とされている。藩の学舎として公認されていたものの、規模は幸輔の私塾的なもので、儒教色が濃かった。

時代は下って、八代久貞《ひささだ》は、病気療養のため、十二年にわたって江戸に滞在していた。

在所の岡藩では、明和六年（一七六九）、大風雨と地震に見舞われ多大な損害をこうむった。さらに同八年一月には城下から火の手が上がり、岡城は全焼、侍屋敷なども焼き尽くされるという壊滅的な大火災に遭遇した。その後も災害に見舞

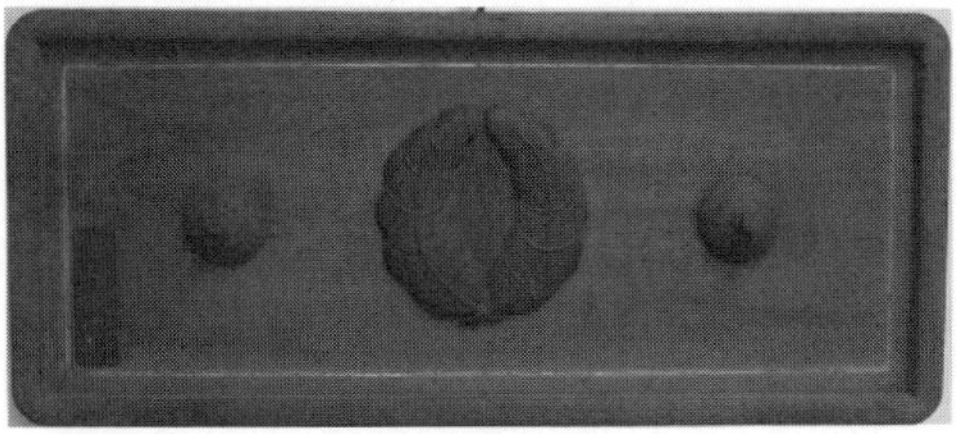

由学館額（竹田市立歴史資料館蔵）

われ、藩財政は、幕府から七〇〇〇両を借り入れしなければならない状況であった。

安永五年（一七七六）、病気回復した久貞は、岡藩に帰り、その復興に当たった。その復興策の柱の一つとして、教育による人材育成を掲げた。

前述の輔仁堂の名称を由学館と変えて、規模拡大、学制の充実に踏み切った。「輔仁堂を改め御取り立て、由学館と称す、御家中子弟学問励方仰せ付けらる」と「中川史料集」に記されているところから、この時点から由学館に、正式に藩校としての位置付けがなされたといっていいだろう。

夏目荘右衛門《なつめそうえもん》、大河原少司《おおがわらしょうし》、伊藤雄次《いとうゆうじ》、室十之助《むろじゅうのすけ》、野尻双馬《のじりそうま》の五名を、教員である司業《しぎょう》に任命して藩校を整備した。

十二年にわたる江戸逗留中に、江戸の教育・文化の感化を受けたであろう久貞が、地元の藩で早々に手をつけた教育改革であった。

由学館は、天明六年（一七八六）、城下伊豆坂《いずざか》に移転して規模を拡大し、さらに天保三年（一八三二）、七里《しちり》に移転され、拡張充実が図られた。

一方、天明六年（一七八六）、由学館に遅れること十年、武芸教育の場として鷹《たか》匠町《しょうまち》に経武館《けいぶかん》が開設された。そして、天保十一年（一八四〇）、両館に寄宿舎となる塾舎が設けられ、慶応四年（一八六八）、経武館と由学館とを合併し、文武両道の教育施設として、修道館《しゅうどうかん》が開設されることとなる。

由学館跡

修道館跡（現在は県立竹田高校の道場）

天明七年（一七八七）、久貞は、窮民養生所として博済館《はくさいかん》を設立した。博済館は、療養施設に留まらず、医学生の研修・研究の場として位置付けられていた。一部二階建ての博済館の一階には、院長、副院長の部屋に続き、事務、診療、薬局部屋などが配置され、二階には医学生の寄宿舎、研究室があるという規模と内容であった。

また、久貞は、天明七年（一七八七）、参勤交代で一年ごとに江戸に逗留する藩士、徒士などの教育の場として、江戸藩邸内に江戸学問所、武芸稽古所をつくり、運営については、岡藩藩校に準じた。

久貞が整えた教育環境

由学館、経武館が開設されると、重役以下、藩士の子弟は十一歳に達すると由学館に入学することが義務付けられ、その年齢の上限を十七歳と決められた。

その間に武芸を修得したい者は、自由に経武館に入学できた。どちらにしても、十八歳に達すると四十歳までに経武館で武芸を修得しなければならなかった。また、徒士以下の身分の子でも、希望すれば、両館への入学が許可された。

教育内容については、由学館と経武館が統合された修道館となった折の記録では、教授内容は、文武十数科目から成り立っていた。

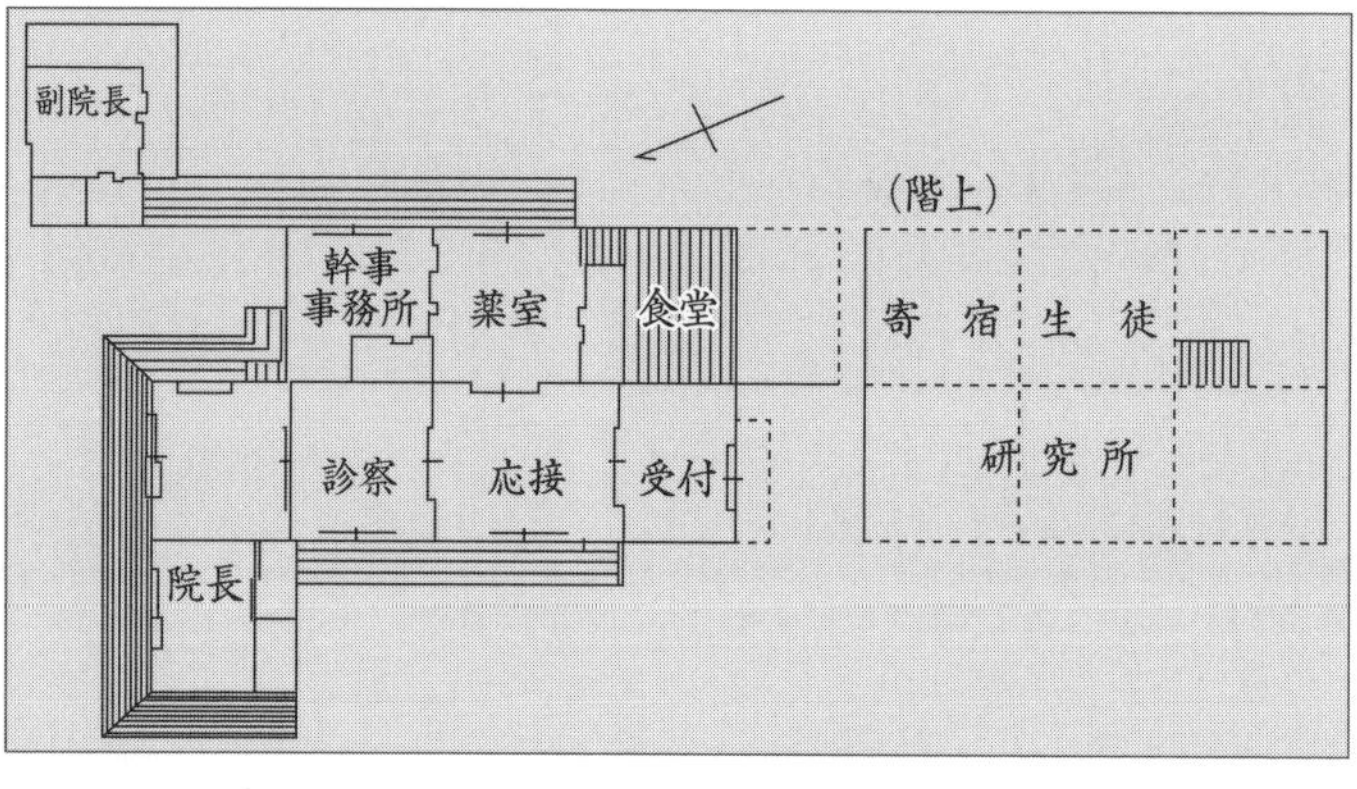

博済館平面略図
（黒川健士画を参考に作成）

文芸としては、皇学《こうがく》、漢学《かんがく》、洋学《ようがく》、医学、習字、数学、習礼《しゅうれい》の七科目があり、教科書として、『孝経《こうきょう》』、四書五経《ししょごきょう》、『近思録《きんしろく》』、『春秋左氏伝《しゅんじゅうさしでん》』、『史記』、漢書などのほか、歴史書や諸子百家《しょしひゃっか》などから選んで用いられた。

武芸の学科には、軍学、弓術、馬術、剣術、槍術、火術の六芸と、騎術、柔術、水泳があった。

履修については、目安という単位が定められ、一回の講義または武芸指導の受講を〝目安一〟として数えた。

文芸は、毎月の目安の標準を一三、武芸では二〇を履修目安としていた。この目安に達しない者は、身分により罰せられ、逆に目安五〇〇に達した者は表彰されるというものだった。

授業時間は、毎日辰《たつ》の刻《こく》（午前八時）から申《さる》の刻《こく》（午後四時）までで、午前中は、素読、復読、講釈の三課、午後は、輪読《りんどく》、詩文会、習字などの授業が行われた。

年間日程では、十二月二十日から翌年一月十六日までは、年末年始の休暇、七月には十日間の暑中休暇があった。また毎月三、八の日と節句★、神祭り日★は休暇となった。

江戸、明治、大正、昭和と時代を超えて、多くの学者、思想家、芸術家、軍人、政治家、実業家などのいわゆる賢人、偉人を生んだ竹田の教育風土、教育環境の

▼**節句**
人日（一月七日）・上巳（三月三日）・端午（五月五日）・七夕（七月七日）・重陽（九月九日）などの式日。

▼**神祭り日**
地域に伝わる祭りの日。城原神社祭りなど。

基礎は、久貞の時代に築かれたといっていい。

久貞自身も、青年期に詩歌集《しいかしゅう》五冊、文集一冊を記すほどの文人であったことからすれば、久貞を〝岡藩教育中興の祖〟と呼んでも差し支えないと思う。

由学館の指導者たち

藩校由学館の教育に当たる優秀な指導者は藩内外から集められた。

まず、九代久持の時の教師、つまり司業として戸倉作輔《とくらさくすけ》が挙げられる。作輔は、岡藩生まれの儒者で、館則の制定をはじめとする同館の教育方針の確立に功績を上げた。次に室何遠《むろかえん》。室は開館当初の学養頭取を務め、のちに医学研修の場となった博済館の惣頭取になった。

また、久貞が浜松から招聘した加治鳳山《かじほうざん》は、荻生徂徠《おぎゅうそらい》の四大弟子に数えられるほどに儒学に造詣が深く、同館の教育思想に影響を与えた。

江戸後期では、角田九華《つのだきゅうか》が挙げられる。同館の教授まで進み、多くの弟子を育てるとともに、その思想は、幕末の勤王家小河一敏《おごうかずとし》などにも影響を与えた。九華の門下には、同館の総裁になる杉崎彦三《すぎさきひこぞう》、高井存済、同館の文武総裁になった寺井元順など、同館を担う人材が育った。

大野郡田原組の大庄屋に生まれた小畑鹿太《おばたしかた》は、同館に出仕の後、明治にかけて、歌人、国学者として活躍した。

同館の教育は、こうした優れた教授たちにより、質の高い教育がなされ伝承されていった。

庶民教育と梅岩心学

教育の場は、庶民の間にも広く開かれた。藩校のほかの教育の場として、郷校と寺子屋があった。

郷校は、藩校と寺子屋の中間的な存在で、慶応三年（一八六七）に広徳舎《こうとくしゃ》が設立された。一般庶民に、日常生活に必要な〝徳性〟を柱として、儒教、仏教、神道、道教などが講じられた。

その教育理念に大きな影響を与えたのが、石田梅岩《いしだばいがん》の心学《しんがく》であった。石田梅岩（一六八五～一七四四）は、丹波の農家に生まれ、京都の商家で奉公しながら神道、儒教、仏教などを学び、啓蒙的《けいもうてき》な庶民道徳の心学を創始し、全国に普及させた人物である。この心学が岡藩に紹介されたのは、嘉永二年（一八四九）のことだった。石田に学んだ門人たちの活躍により、藩内に普及した。

寺子屋は、文政年間（一八一八～三〇）以降に盛んに設立され、直入、大野郡だけでも五〇余りが存在した。寺子屋での学習内容は、日常生活に必要な「読み、

「寺子屋小謡図版画」（法政大学能楽研究所蔵）

書き、そろばん」が中心で、町部では算術知識、農村部では農業技術などの実学が講じられた。教本となる〝手本〟には、『庭訓往来《ていきんおうらい》』、『商売往来《しょうばいおうらい》』、『消息往《しょうそくおう》来《らい》』、そして『童子教《どうじきょう》』『実語教《じつごきょう》』などが用いられた。

また封建体制を維持するための教訓書も用いられた。

講師となったのは、庄屋、神官、僧侶、下級武士などの、いわゆる一般人の知識層であった。

②

『豊後国志』編纂と田能村竹田

藩校由学館からは多くの人材が輩出したが、中でも田能村竹田は、特筆すべき人材であろう。各地を歴訪し、画人、文人たちと交流した〝画聖〟は、日本絵画史に輝かしい名を刻んだ。また『豊後国志』の編纂を手がけ、思想的にも多くの影響を与えた。

編纂内容とメンバー

岡藩の文化事業として挙げておかなければならないのが、『豊後国志』の編纂である。寛政九年（一七九七）、幕府の老中松平信明は、九代藩主久持《ひさもち》に日本地誌編纂の一環として、『豊後国志』をまとめるように命じた。

『豊後国志』は、国東《くにさき》、速見《はやみ》、大分《おおいた》、海部《あまべ》、直入、玖珠《くす》、日田《ひた》、大野《おおの》の八郡志で構成されるが、なぜ岡藩にその編纂の命が下ったのだろうか。

考えられるのは、小藩分立の豊後国において、岡藩の石高が最も多かったこと、計画の中心人物の松平信明が、久持の〝ふた従兄《いとこ》〟であったことなどであるが、確かなことは分かっていない。

藩は、禄二百石で藩に招かれ、窮民養生所博済館で教えていた侍医・唐橋世《からはしせ》

『豊後国志　直入郡　六』
（竹田市立図書館蔵）

済《さい》★に編纂の責任を、田能村竹田《たのむらちくでん》、甲斐般助、古田喜兵衛、後藤富次の四人に補佐役を命じ、さらに藩校由学館の学識者伊藤鏡河《いとうきょうが》に協力を命じ、編纂体制を整えた。

世済らは、同十一年四月から一カ月を要して、直入、大野、大分の三郡を廻り、調査を行った。同年八月からは、領外調査に着手し、日田郡・玖珠郡（森領）、杵築領、大分郡庄内・由布院（府内領）、肥後領、臼杵領、佐伯領を調査し、同年十一月二十一日に終えている。

続けて十一月下旬から、整理、編集作業が進められたが、寛政十二年十二月、責任者の世済が死去、事業は田能村竹田、伊藤鏡河が責任者となり、享和三年（一八〇三）十一月に完成をみた。

編纂に当たっては、世済の「事は正実を要して、虚張を要せず、曲尽を要して簡略を要せず、願い望むに、事事物物を網羅して漏らすなし」の方針の下で「総説」、国東、速見、大分、海部、直入、玖珠、日田、大野の「八郡志」の全九巻で構成されている。

第一巻の総説では、国の設置沿革、郡名、風俗など六項目の概説が記されており、続く郡志では、郷名、荘名、村里、租税、形勝★、路程《ろてい》、山河、土産、仏寺、墳墓など二一項目が記されている。

『豊後国志』の編纂は、後世の歴史研究の基礎資料となるとともに、温故知新、

▼唐橋世済
江戸生まれ。天明四年（一七八四）、久貞の召喚により岡藩侍医、同八年、窮民養生所〝博済館〟教授。一七三六～一八〇〇。

▼形勝
地勢や風景の優れていること。

将来に向けての展望を考察するために欠かせないものとなった。

画聖田能村竹田の嘆きと隠居

藩校から多くの賢人、偉人が輩出したことについては前に述べた。

中でも田能村竹田は、岡藩の歴史上、特筆すべき人物であろう。竹田は、安永六年（一七七七）、代々岡藩の侍医の二男として生まれた。幼名は磯吉《いそきち》、名は孝憲。竹田は号である。

竹田は、十一歳で藩校由学館に入学、唐橋世済に詩作を、二十歳になると藩の絵師淵野《ふちの》真斎《しんさい》、渡辺《わたなべ》蓬島《ほうとう》の下で絵を学んだ。家業の侍医を継がず、学問の志を明確にすると、寛政十年（一七九八）、二十二歳で由学館勤務を命じられ、翌十一年四月に始まった『豊後国志』の編集補佐役に任じられた。

同十二年十二月責任者の世済が死去、編纂事業の責任者として後を引き継ぎ、その稿本を携えて、一年間江戸に上り、関係機関との折衝に当たった。この間、以前より交流のあった画家谷文晁《たにぶんちょう》や著名文化人たちとの交流を深めた。享和三年（一八〇三）十一月に『豊後国志』は完成した。竹田二十七歳の時であった。

二十九歳の折、眼病治療をかねて京都に上り、詩と絵の勉強に精進した。文化五年（一八〇八）には、由学館頭取となった。

田能村竹田座像
（旧竹田荘画聖堂蔵）

この時期——文化八年（一八一一）に〝文化大一揆〟が勃発。翌九年にも一揆が起こった。

竹田はこの時、農民を擁護し、藩の政策の誤り、腐敗などを指摘するとともに、由学館が軽んじられていることを嘆く建言書を二度にわたり藩主に提出した。

しかし、藩はこれを無視し、竹田は文化十年（一八一三）、目の病気を理由に藩務を辞し、隠居した。

これ以降、竹田は以前より造詣を深めていた詩画の世界に没頭し、関西をはじめ各地を歴訪し、絵画の世界を通して画人、文人との交流を深めた。『竹田荘《ちくでんそう》師友《しゆう》画録《がろく》』には、豊前・豊後はもとより、長崎、大坂、江戸、遠くは仙台までの地域におよぶ、画家、儒者、医者、文人など一〇四人が登場しており、交流の広さがうかがえるところだ。特に儒学者であり歴史家で詩人の頼山陽《らいさんよう》（一七八〇〜一八三二）が、文政元年（一八一八）、竹田の下で一週間過ごしたことは、藩史を語る上での大きな出来事であった。

竹田は、南宗画法から、独自の南画法へと向かう過程で多くの秀作を残し、創作の拠点となった画塾竹田荘からは、高橋草坪《そうへい》、帆足杏雨《ほあしきょうう》、田能村直入《たのむらちょくにゅう》などの優れた画人が輩出した。天保六年（一八三五）、旅先の大坂で病没した。

旧竹田荘
（竹田市殿町）

③ 岡の地で花開いた文化

中川氏は、茶道の名門古田織部と血縁関係にあり、代々茶に親しんだ。城下町を京風にという、中川秀成の夢は、町並みづくりはもとより、茶道をはじめとして多くの文化が花咲くことを夢見てのものであった。

茶道・香道・文芸

話は、岡藩太祖清秀《きよひで》の時代に戻る。清秀の妹仙《せん》は、古田織部《ふるたおりべ》の正室である。織部は、わが国の茶道の大成者・千利休《せんのりきゅう》亡き後の茶道界を担うことになる。織部は利休の高弟で、利休の〝侘《わび》〟と〝寂《さび》〟を武家好みの茶道に改めた。その後、秀吉の命により利休が切腹・自害すると、のちは「天下の茶は織部」と評されるようになった。将軍家康に引き立てられ、二代将軍秀忠《ひでただ》の茶指南として名声を挙げ、伊達政宗《だてまさむね》、毛利秀元《もうりひでもと》など、そうそうたる大名が、織部の手ほどきを受けた。

一方で織部は、義弟の重統《しげむね》に娘千《せん》を嫁がせ、中川家に遣わした。初代藩主の秀成は、重統を家老として迎え、中川姓を名乗らせ、姻戚関係を磐石なものとする

古田織部
（大阪城天守閣蔵）

とともに、両者の交流は、茶道により深まった。

茶道に造詣が深い秀成は、慶長十七年（一六一二）、稲葉川河畔に、茶室と庭園を配した御茶屋を建てようとした。ところが、秀成は、着工後間もなく逝去してしまう。

二代久盛《ひさもり》は、御茶屋の予定地を中川家菩提寺として、碧雲寺《へきうんじ》を創建することにした。その後、三代久清《ひさきよ》、四代久恒《ひさつね》は、碧雲寺に松風軒《しょうふうけん》という茶室を設け、茶道を楽しんだ。茶道は、やがて民衆の中にも広がり、岡藩を代表する文化の一つとなった。

また岡藩の文化に彩《いろどり》を添えて、今日まで引き継がれてきているのが、香道《こうどう》である。

香道は、室町時代に公家、武家、寺院などの上層社会で広がり、江戸時代に引き継がれた文化である。伝家については、三条西実隆《さんじょうにしさねたか》★を祖とする公家の御家流《おいえりゅう》と志野宗信《そうしん》★の流れをくむ武家の志野流がある。当初は、両者とも家元制を採らなかったため、志野流は、米川流や藤野流に分流した。

江戸期の志野流は、香道として技能が形式化されていなかったため、作法も統一されていなかった。享保年間（一七一六～一七三六）に入ると、京都の蜂谷家が、家元として公認され、形式の統一、家元制が確立した。岡藩の志野流は、この時期、享保二十年（一七三五）以降に伝わった。

碧雲寺・おたまや公園

▼三条西実隆
室町後期の歌人・学者。内大臣にいたる。一四五五～一五三七。

▼志野宗信
志野流香道の祖。三条西実隆に従って香道の奥義をきわめる。足利義政に仕え、聞香作法を確立。一四四五～一五二三。

全国で、この時期に志野流に入門した大名は、二三に上り、御三家の尾張・紀伊、御三卿の一橋、加賀、伊予、彦根、日向延岡など名門の家名が連なり、大名たちが競って志野流に入門した様子がうかがえる。

岡藩では、宝暦九年（一七五九）七月に八代久貞が、文化二年（一八〇五）に十代久貴が入門した。他に家臣たちも多数が入門したものと思われる。

享保二十年（一七三五）から弘化三年（一八四六）までの間における九州の門人数は一七七人、そのうち七一人、約四割が、豊後国の藩で占められていた。その中心は、岡藩と臼杵藩であった。ちなみに、女性は一四人だった。

岡藩においては、武士の嗜《たしな》み教養として発祥し、家元制の確立で、やがて町人社会に普及していったと思われる。

ところで香道は、遊芸という側面も持っていたため社会経済の影響を受けやすく、盛衰を余儀なくされたが、文化としての歩みを滞らせることはなく、その流れは現在にも生き続け、奥の深い岡文化の一翼を担っている。

岡藩では、庶民文化として、俳諧、狂歌が発達した。

俳諧については、まず八木勘左衛門を挙げなければならない。勘左衛門は、城《き》原村《ばるむら》の儒家に生まれたが、家業を継がず大坂に出て、俳諧を学び、伊勢や奈良を旅して二〇〇〇句に及ぶ俳句を作った。その代表作が、「春日野の松葉せばむる若葉哉」である。

勘左衛門の弟、小十郎は、国学の先駆者で和歌にも通じた清原《きよはらの》雄風《おかぜ》の甥・孔沢の養子となったが、こちらも俳句の素質に恵まれ兄弟で俳諧一家を築いた。

幕末期の郡奉行朝倉規重は、俳諧に長じ、奉行を辞してからは、発句三昧の生活に入った。号は滝水と名乗った。その子、規安も俳諧に長じ、飛泉と名乗りその発展に寄与した。

次に狂歌は、江戸の中期頃から川柳とともに盛んになり、幕末期に世相もあって全盛を迎えた。

狂歌の岡藩における第一人者といえば、松岡栗材《りっさい》。竹田町の商家の出で、町医となり、その後御見医、御月番医《おつきばんい》にまでなった人物。栗材は、大坂の栗柯亭木端《りっかていぼくたん》翁を祖とする栗派の門下に属した。号は有静軒。天明六年（一七八六）元旦の日食に際し、「初日や色の黒き尉殿」と詠み、これを幕府に献じて、狂歌界に名を轟かせるに至ったという。

栗材の狂歌は、画家の渡辺蓬島（号は栗邦《りっぽう》）が継承し、さらにその子・拈華《ねんげ》へと受け継がれた。この拈華に師事したのが、商家出身の大嶋律造で、号を雪中亭逸人と名乗った。仕事を顧みず、旅と作歌に興じたという。

その後栗材の流れは、阿部玉三郎、その兄増吉、佐藤月峰、森円也などに引き継がれたが、明治に入ると急激に衰えた。

松岡栗材
（『竹田市史　中巻』より）

多彩な文化人

岡藩の文化は、岡城築城、城下町の整備などがひと段落し、藩内外が安定した三代久清の時代以降に発展してきたといわれている。
ここでは、藩の文化芸術を担った人物について紹介することにしよう。

絵画

淵野真斎《ふちのしんさい》◇田能村竹田の師匠。藩士淵野宇吉の子で、幼い頃から絵画に親しみ、江戸に出て渡辺玄対に師事し、のちに藩お抱えの絵師になり、絵画の普及に努めた。

渡辺蓬島《ほうとう》◇田能村竹田に影響を与えた人物。御用商人播磨屋に生を受け、淵上旭江に学んだ。生涯宮仕えをせず、民間絵師を貫いた。

渡辺拈華《ねんげ》◇蓬島の子。竹田に師事した後、中国の元、明の画法を学び、独自の画風を完成した。のちに由学館絵師になる。

国学・文芸

清原雄風《きよはらのおかぜ》◇国学の先駆者。和歌にも通じ歌集『怜野集《れいやしゅう》』を出版した。

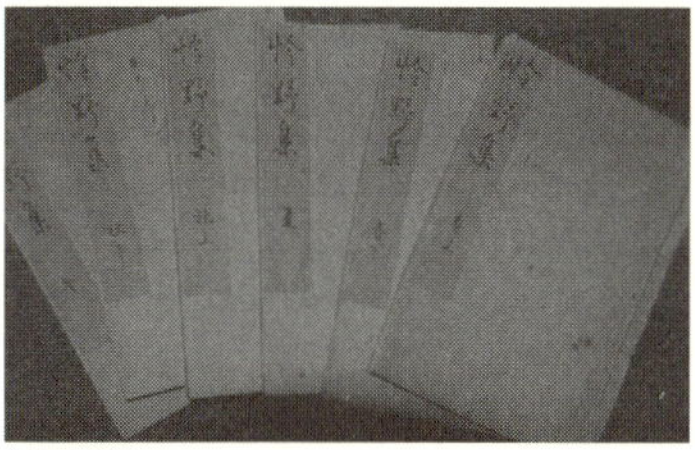

『怜野集』
(竹田市立図書館蔵)

牧嵩振《まきたかふる》◇十八歳で藩に務め、御祐筆となる。江戸務めの間に、国学を羽倉東蔵に学ぶ。八代久貞の信頼厚く、江戸藩邸で藩士の学問指導に当たる。文芸面でも影響を与えた。また、和歌にも通じた。

角田九華《つのだきゅうか》◇藩校由学館の句読師を経て、教授となった。儒者の模範的な人物として多くの影響を与えた。

古田含章《ふるたがんしょう》◇由学館の司業、近習物頭を務めた。中川家の家譜『中川家譜』を編集した。

室何遠《むろかえん》◇安政五年（一七七六）由学館の頭取となる。天明七年（一七八七）博済館の惣頭取となる。

角田東水《つのだとうすい》◇京都で医術を学び、帰郷後、藩に仕える。角田九華を養子とした。

鵜飼《うかい》枝美◇家は藩の家臣。武学、軍学に長じ、『舟戦要領私抄』一〇巻を著作した。

以上のほか、

大蔵流の狂言師山本東次郎

挿花師亀齢斗遠

琴師羽田野重輝・内藤雲庵

武家式楽（喜多流能楽）福本平十郎

など、実に多岐多彩に、岡藩の文化が展開され継承されてきたことが分かる。

岡藩の特色を語る時、最初に掲げられるのが豊かな文化である。この文化のもつエネルギーは、明治以降にも伝えられ、瀧廉太郎（作曲家）、朝倉文夫（彫刻家）、佐藤義美（童謡・童話作家）などの芸術家を生む原動力となった。

これも岡

田能村竹田あれこれ

渡辺長男作「田能村竹田像」
（竹田市立歴史資料館蔵）

田能村竹田（一七七七〜一八三五）は、〝画聖〟〝豊後南画の祖〟と称され、時代を超えて人々の尊敬を受けている。その生家〝竹田荘〟は、竹田市殿町の山手高台にあった。

本来の建物は、寛政元年（一七八九）十一月の大火で焼失し、現在の建物は、翌年に再建されたものである。道路から自然石の階段を登り、冠木門《かぶき》をくぐると、二階建ての木造建築〝旧竹田荘〟が現れる。一階は広間となっており、二階は、書斎〝対翠楼〟である。

竹田筆「河豚図」
（竹田市立歴史資料館蔵）

竹田筆「雁来紅群雀図」
（大分市美術館蔵）

旧竹田荘画聖堂

周辺は、庭園が整備され、〝旧竹田荘〟の西側には、土蔵様式の草際吟舎《そうさいぎんしゃ》がある。二階建てで、一階は茶室、二階は書斎となっており、茶室では、儒学者・頼山陽が竹田を訪ねた折、茶を楽しんだという逸話が残っている。建物は、明治時代に取り壊されていたものを昭和八年（一九三三）に再建した。

竹田の弟子（後に養子となった）、田能村直入筆「蘭亭曲水図」（竹田市立歴史資料館蔵）

田中介眉筆「竹田肖像図」（竹田市立歴史資料館蔵）

これも岡

岡藩珠玉の逸品

三宅山御鹿狩絵巻

江戸時代、将軍家は、武士の軍事訓練の一環として盛んに狩猟を行った。多くの大名もこれを模倣した。

岡藩においては、寛永三年（一六二六）二月に二代久盛が狩猟をしたことが、資料に残されている。

狩猟は、狩りそのもののほかに、行装の威厳や華美などを誇示する役目も果たした。また、参勤交代で国元に帰った藩主が、軍事訓練と娯楽をかねて実施することも多かった。

「三宅山御鹿狩絵巻」は、十一代久教が家督を継承した四年後の文政二年（一八一九）に、藩内三宅山で行われた狩猟の様子を描いたもの。文化十二年（一八一五）に藩内三宅山での狩猟の様子を描いたもの。狩場への往来の衣装、行列の様子が華麗に描かれていて、登場人物は二七六二名にもおよび、克明微細な絵巻となっている。絵師の丸山金弥、淵野真斎、森崎右衛門らの筆で、全一六巻、全長二七二・〇八メートル、文政七年までの五年をかけて完成した大作である。

上：騎乗の久教と警固の家臣（巻四）／下：獲物の猪（左端）と鹿（巻十三）
（竹田市立歴史資料館）

第五章 改革に一揆、そして幕末

枯渇する藩庫が招いた領内不安。幕末には討幕・佐幕の両派に出兵。

◇1

相次ぐ災害と財政再建

初代秀成、二代久盛、三代久清の三代は、幕府からの派兵、お手伝い普請などの要請に応えながら、藩政の基礎づくりを順調にこなし、久清の時代に応の藩政の基礎が整った。しかし、四代久恒以降の藩政はそれぞれに実績を残したものの、大半は災害復旧、財政再建に追われた。

六代までの直系藩主と七代の養子

ここで十二代にわたる各藩主の、血筋、経歴、そして遭遇した災害、それに伴う改革について藩主ごとに紹介していく。なお、初代秀成《ひでしげ》、二代久盛《ひさもり》、三代久清《ひさきよ》の藩政における実績等については、第一章、第二章で詳しく紹介したので、血筋だけを紹介する。

初代秀成は、元亀元年（一五七〇）、中川氏の祖清秀《きよひで》の二男として生まれる。清秀が〝賤ヶ岳の戦い〟で戦死し、家督を兄秀政《ひでまさ》が継いだが、その秀政も、文禄元年（一五九二）〝の〝文禄の役〟で戦死したため弟の秀成が家督を継ぎ、岡藩入封とともに初代藩主となったことについては、詳しく前述した。就任期間は、文禄三年十二月から慶長十七年（一六一二）八月までの十八年だった（中川家当主となったのは天正二十年)。

特筆すべきは、秀成の正室虎姫《とらひめ》は、〝賤ヶ岳の戦い〟で父清秀を死に追いやった武将佐久間盛政《さくまもりまさ》の二女だったことだ。この婚姻の縁を取り持ったのは、豊臣秀吉である。秀吉は盛政を高く買っていて直臣に取り立てたがったが、盛政は肯《がえん》ぜず、仕方なく処刑した。秀吉は清秀にも恩を感じていたので、両家の縁組を進めたのである。虎姫は、当時の習慣で人質として秀吉の城下町・伏見に住み、生涯岡に入らなかったが、秀成との仲は睦まじく、七人の子どもに恵まれた。

虎姫の願いにより、七番目の子ども内記に佐久間家を継がせ、寛永二十一年(一六四四)、二代久盛は、佐久間盛政の菩提寺として英雄寺を建立した。

二代久盛は、秀成と虎姫との間に長男として生まれ、慶長十七年(一六一二)八月から承応二年(一六五三)三月までの四十一年間、藩主を務めた。

三代久清は、二代久盛の長男として生まれ、承応二年(一六五三)五月から寛文六年(一六六六)四月までの十三年間、藩主を務めた。

以上、三代までの血統と略歴を記したが、三代久清の跡を受けた藩主たちは、前述したように度重なる災害で、災害復旧と財政再建に明け暮れたと言っても過言ではない。歴代藩主たちの奮闘振りを追う。

四代藩主となったのは、久清の長男久恒《ひさつね》。在任期間は、寛文六年四月から元禄八年(一六九五)六月までの二十九年間。寛文九年に軽犯罪者取り締まりの強化、貞享四年（一六八七）には〝捨て子禁止令〟などを定めて治安維持に努めた。また岡山の学者関幸輔《せきこうすけ》を招いて文治教育にも力を注いだ。

また寛文六年頃、久恒が参勤交代で箱根を通った時、美しい山百合を見つけ、それを持ち帰って藩内に植え、観賞するとともに、飢饉の折は球根を非常食とするようにしたというエピソードが伝わっている。山百合は〝しらゆり〟の名で今日も市民に親しまれている。

一方、久恒が藩主に就任した寛文六年四月、城下の殿町から出火、竹田町を全焼。寛文十一年、七里村蔵奉行宅から出火、米蔵と中川家菩提寺碧雲寺を全焼。元禄六年七月には三佐の屋敷町が大火などの災害をきたし、財政は困窮した。

久恒は、延宝九年（一六八一）、それまでの租税を五公五民から六公四民に改めるとともに参勤交代のお供を減らし、家臣はもとより農民、商人に至るまで倹約を命じ、財政再建に取り組んだ。久恒は、三十年近く在任したが、病弱だったため天和二年（一六八二）以降は、藩政は、久清の二男久豊ら弟たちにより代行された。元禄八年六月十五日逝去。享年五十五歳だった。

その跡を継いだのが、四代久恒の長男、五代藩主久通《ひさみち》である。在任期間は、元禄八年八月から宝永七年（一七一〇）二月までの十五年間だった。元禄十年、幕命により、臼杵藩とともに「豊後一図絵」を作成・献納した。藩政においては、人口調査を行うとともに老人や母子家庭、新生児などに米、産着料、銀札などを

久恒が持ち帰った山百合

支給し、領民福祉に力を注いだ。併せて道路整備にも力を入れた。また元禄十五年、稲葉川の三日月淵の岸壁に弦長三メートル二一センチ、最大幅四五センチの月形を掘り込み、灯明《とうみょう》を焚いて風流を楽しむなど、文化人としても名を残した。〝三日月岩〟として今日に伝わり、薪能《たきぎのう》などの行事が行われ、往年を偲ぶ会がもたれている。

久通の時代も元禄十一年九月に大地震が襲い、宝永二年四月にも大地震に見舞われた。

そのため、財政難に陥り、宝永五年、藩財政の窮乏を救うため知行の半分を藩が借り上げる〝半知借り上げ〟を実施するとともに、各層に倹約を求めた。宝永七年二月二十八日逝去。享年四十八歳だった。

そして六代藩主久忠である。在任期間は、宝永七年四月から寛保二年（一七四二）十月までの約三十年間におよんだ。久忠は、五代久通の三男として生まれるが、兄が早世し、わずか十三歳で藩主を継承した。

久忠は、幕府の命により、正徳元年（一七一一）、朝鮮通信使の警護役を、享保四年（一七一九）には、同使節の御馳走役を江戸で務めた。岡藩入りしたのは、十七歳の時で、病弱ではあったが、学問に長けていて、享保十一年、備前から学者・関幸輔を招き、幸輔の屋敷を〝輔仁堂〟として藩士たちの教育の場とした。〝輔仁堂〟は、のちに藩校〝由学館〟に発展していく。

稲葉川沿いに彫られた三日月岩

久忠の代も、相変わらず天災が頻発し、享保九年(一七二四)、西日本を襲った大干ばつでは、三万五千石の被害を受け、同十七年には、西日本を襲った〝享保の飢饉〟で雨、虫害に見舞われ、壊滅的な農産物被害をこうむった。藩は、蔵米を放出、衣類などを与え、その資金に幕府から金七〇〇〇両と米三千石を借り入れて急場をしのいだ。また幕府は、御役御免、献上品を免除するなどの措置をとった。

久忠は、寛保二年(一七四二)十月三日に逝去。享年四十六歳だった。久忠は、子どもに恵まれず、七代以降は、中川氏の血統は絶え、幕末に至るまで、養子縁組で中川家の家督を守ることになった。

久忠の跡を継いだのが、七代久慶《ひさよし》である。久慶は、安芸《あき》広島《ひろしま》藩主・浅野《あさの》綱長《つなが》の十六男として生まれ、元文二年(一七三七)に久忠の養子となり、寛保二年、久忠の逝去により七代藩主となった。

久慶は、目安箱を設置するなど藩政刷新を志すが、就任翌年の寛保三年に逝去。享年三十六歳だった。

八代久貞の二つの改革

七代久慶の後を継いだのが、幕府老中を務める三河吉田藩主の松平信祝《のぶとき》の二男祝之丞《ときのじょう》である。寛保三年（一七四三）十一月、急養子で中川家に迎えられ、藩主に就任し、八代久貞《ひささだ》を名乗った。就任期間は、寛保三年から寛政二年（一七九〇）までの四十七年間に及び、これは歴代藩主で最も長い期間であった。

久貞が藩主となった翌年の延享元年（一七四四）三月、久貞は藩財政の立て直しのため古い因習を断ち切って、藩外から浪人であった中沢三郎左衛門《なかざわさぶろうざえもん》を取り立てて改革に踏み切った。いわゆる〝延享《えんきょう》の改革〟である。

三郎左衛門は、十年計画で因習的な人事の撤廃、役人の不正厳禁、農村振興など、藩政の根本からの立て直しに取り組んだ。それまでの諸対策が対症療法的なものであったのに対して、藩政の抜本から見直すもので、改革の名に相応しいものであった。

三郎左衛門は、就任と同時に二分野、一五項目に及ぶ改革に関する条目を発布した。内容は、百姓に対する年貢以外の過分な負担を免除し、疲弊した農村経済の自活再生を図ろうとするものであった。また、人事の刷新、流通対策年貢として集積された大豆を精選して、直接大坂市場に送るなどの流通対策なども功を奏し、宝暦三年（一七五三）十年間にわたった改革は一応の成功を見た。

〝延享の改革〟で財政的には、一応の立ち直りを見せたが、延享五年（一七四八）、幕府に遠州富士川の川普請、朝鮮通信使の接待役などを命じられ、その上次々と将軍家へ祝いを贈るなど貢ぎ、出費がかさんだ。さらに久貞は、病気治療

朝鮮通信使（大英博物館蔵）

の名目で明和元年（一七六四）から十二年間、江戸に留まった。こうした一連の行為を、実父の松平信祝が務める幕府老中になりたいという野心ととらえる向きもある。しかし久貞は、病弱で、江戸城への登城もままならない時もあるほどで、この野心説には疑問が残る。

その間、藩では、宝暦三年の長雨による冷害、宝暦五年には、大水害で三万八千石の被害、宝暦六年には大火、そして明和六年には、大暴風雨に見舞われ、同八年八月には、本丸をはじめ岡城が全焼するとともに城外の侍屋敷、足軽の家屋まで被害が及ぶという、未曾有の大火災に遭遇した。その後も災害が重なり、病気を理由に江戸に留まっていた久貞も、さすがに帰郷し、復旧と再び悪化した財政の再建に取り組まねばならなかった。

江戸から帰国した久貞は、安永七年（一七七八）、井上主水左衛門並古を起用し、再び藩政の改革に乗り出した。〝安永の改革〟である。並古は、藩重臣の吉田家から井上家に養子に入った人物で、財政能力に優れていたため起用された。

並古は、三七カ条よりなる〝安永七年《あんえいしちねん》之《の》御掟書《おんおきてがき》〟を発布した。内容は、農村や農民たちのあり方と実情を問いただし、いかにして年貢の負担を可能とする農村を再建しようかというものであった。また社会制度として、高一石につき米一升を出米し、窮民を扶助する〝助合米制《たすけあいまいせい》〟、農村の輸送・農耕に欠かせない牛馬を貧農者に預け、牛馬の増産、農村再生を図る〝預牛制《あずけうしせい》〟、育児を助成し人口増に結びつけるための〃産着《うぶぎ》料貸《りょうたい》与制《よせい》〃などを定め、農村経済の根本的な改革を行った。

また、幕府の許可を得て、藩札《はんさつ》を発行し、藩の経済の立て直しを図った。

〃安永の改革〃で、特記しなければならないのが、藩札の発行である。藩札は、江戸時代中期以降、領内流通に限って発行した紙幣である。

幕府が発行する金、銀、銭貨の三貨を正貨と呼び、全国で通用し、藩外との取引には、この正貨が用いられた。藩が財政難に陥るとこの正貨が不足してくる。したがってこの正貨を藩に吸収し、独自の紙幣である藩札を発行しようとしたのである。

しかしこの制度は、いつでも藩札と正貨が交換できるものでなくては、藩札の信頼を得ることはできず、経済を混乱させる要因ともなる。そこで、正貨の準備高に応じて藩札発行を幕府が許可する方法がとられた。

明和九年（一七七二／十一月に安永と改元）、銀目通用高《ぎんもくつうようだか》七万両、すなわち銀札貫《ぎんさつかん》目本位《もくほんい》によって、五匁札《ごもんめさつ》、一匁札《いちもんめさつ》、五分札《ごぶさつ》、二分札《にぶさつ》、一分札《いちぶさつ》の五種類の銀札が発行された。そして一二〇匁が一両に相当するものとし、年一回、使い古した藩札を交換することにした。

藩は、藩札通用に先立ち、五カ条からなる、流通における混乱を防ぐための心得、交換貨幣の準備などについて定めた。併せて一八カ条からなる〃掟書《おきてがき》〃を

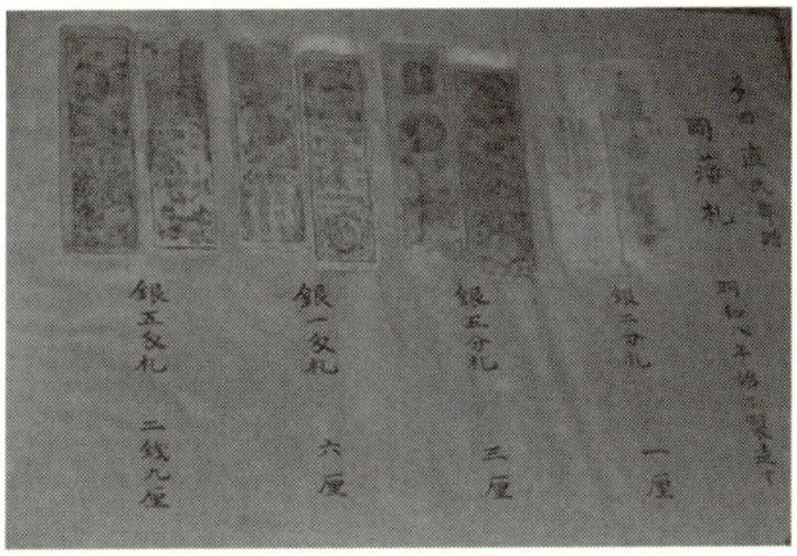

藩札

発令した。

その第一条には、銀札発行は〝領内一統《りょうないいっとう》の便利〟を図るもので、目的は、藩経済の立て直しにあること、第二条では、銀札は、正貨で保証されるものであること、その他、銀札と正貨の交換率、領内での正貨使用の禁止などが定められた。そして、十五年ごとに銀札発行の許可を幕府に申し出て許可された。

しかし、その後、藩財政が悪化すると正貨の準備がないまま銀札が乱発され、〝札崩《さつくず》れ〟を起こし、結果相場が乱れ、悪性のインフレを引き起こした。藩経済は混乱し、この混乱は、明治に入って藩札が廃止されるまで続いた。

これらの他、久貞は藩校〝由学館〟を創設し、教育の普及に努めた。また相次ぐ災害で苦しむ領民に窮民養生所〝博済館〟を設置するなど多くの実績を残したことについては、前述した通りである。寛政二年（一七九〇）五月二十日逝去。享年六十七歳だった。

これも岡

江戸時代の税

江戸時代の税は年貢と諸役《やく》に大別される。

年貢（本途物成）は基本の税で、田、畑、屋敷にかけられる。田は米で、畑と屋敷は金納であった。

諸役には小物成、高掛物《たかがかりもの》、国役《くにやく》、運上《うんじょう》、冥加《みょうが》、夫役《ふやく》などがあり、ほとんどが金納である。

小物成は林野、川、池沼の用益や特産物にかけられ、高掛物は村高にかけられる。

江戸時代の税は個人にかけられるものではない。村々の田畑の面積と地味、地形などを考慮した、上、中、下、下々の等級格付けによって村高が決まる。

村高につき税何割と定められて村単位で納める。これが村請け制で、領主権力が村の内部に入り込み、個々の村人の正確な生産高を把握することを防いだ。

国役は幕府が大河川の堤防の修築、朝鮮通信使来日、日光法要などの際に国を指定して公私領の別なくかける税である。

運上は商工鉱業などの営業活動にかけられた。冥加は本来、営業を黙認していただいて冥加しごくでございますという献金であったが、のちには営業税となった。

夫役は人足役で、江戸の初期は戦陣に詰める陣夫役、城・河川・用水路・道路の建設、整備にかり出されていたが、のちには大名の参勤交代を助ける助郷《すけごう》が主となった。

前述の高掛物も同じようなものであった。

年貢以外はほとんどが金納で、最も辛いといわれた助郷も金を納めればその金で人足を雇うので、村人は出て行かなくてもよかった。

金納の場合、税は永《えい》何貫何文と示される。この永とは永楽銭という意味で、永楽銭は江戸時代の最初期に流通が禁止されていたので、計算上だけの表示である。

永楽銭一〇〇〇文が一両とされていたので永一〇〇文と示されれば、その時点での銭相場で一両の十分の一に当たる銭を納めなければならない。

江戸時代の年貢は村請け制であったので、村役人はこの年貢の割り当てに気を重くし、各戸の人間も家の内情をさらさなければならず憂鬱な気分になった。

この内臓の中まで見られるような環境が、長い時間のうちに日本の村と村人を互いに助け合う美風とうっとうしい抑圧感におおわせることになったのである。

石代納《こくだいのう》という年貢を金納する方法もあった。米で納められない村が何で金納できるのかというと、一部または大部分の田を潰し綿を栽培し、桑畑にして生糸を生産する村々もあったのである。こうすると村高百石の村が三百石、四百石に匹敵する金を稼ぐこともできた。

そういう村に九十石の年貢を割り付けると九公一民と記録に残るので、ひどい時代だったとかつては考える人たちがいた。

江戸時代の税は各地の村々を詳細に分析しなければ分からないことが多い。現在の学説では三公七民ぐらいではなかったかという考え方が有力なようである。

②

新法による圧政が招いた〝文化大一揆〟

藩政は、相変わらずの財政難。十代久貴は、横山甚助を登用し、〝新法〟で改革を推進する。しかし〝新法〟は百姓たちを困窮へ追いやり、百姓たちの不満は、〝文化大一揆〟へと発展する。そしてその結末は、藩主不在の中で城代家老らの対応により、一応の収束をみた。

十代久貴の実績と改革

寛政二年（一七九〇）七月、八代久貞の逝去に伴い、九代藩主となったのが久持であった。久持は、久貞の二男・久徳《ひさのり》の二男として生まれた。久貞の跡は、父の久徳が継承する予定であったが、乱行が目立ったため、久徳の長男の久遠が後継となる予定だった。ところが、久遠は早世。その弟の久持が、後継となった。

久持は、就任の翌年の寛政三年七月、領内視察を行うなど藩政に意欲を示し、八代久貞に引き続き井上並古の改革を進めたが、相も変わらぬ天災の連続で、困窮を極める藩財政を立て直すには至らず、寛政十年六月、並古死去、そして同年九月十八日、久持も逝去。享年二十三歳だった。

九代久持には子どもがなく、大和郡山藩主・柳沢保光の五男の三千蔵が養子に迎えられ、寛政十年、久持の逝去に伴い十代久貴として藩主に就任した。わずか十一歳であった。

幕府の命により豊後一国の地誌である『豊後国志《ぶんごこくし》』の編纂を田能村竹田らが行い、久貴は、文化元年(一八〇四)、幕府に献納するという輝かしい実績を残した。

一方、困窮する藩経済を立て直すために、荒地や野地を開発すれば、五年間は無年貢とする〝一毛作《いちもうさく》作り取り法〟を実施した。この法は、寛政十二年から五年間の時限立法であったが、百姓の生計を幾分かは助けるという成果を残したものの、農村経済を根本的に再生するには程遠いものであった。藩財政は、にっちもさっちもいかない状態で、さらなる改革が望まれていた。

さらなる藩政の改革の必要性を感じた久貴は、文化三年(一八〇六)、横山甚助を起用し改革に乗り出した。甚助の出身である横山家は、六代久忠《ひさただ》の妻が讃岐高松藩《さぬきたかまつはん》から輿入れしてきた時、甚助の曾祖父が、お供として来藩、岡藩の家臣となったという家柄である。甚助は、久貴が藩主に就任すると急速に頭角を現し、奉行格まで出世し、藩政改革の中心人物となっていった。

甚助は、「御勝手取締仕法《おかってとりしまりしほう》」に基づいて、〝人口増加策〟を柱に荒地開発、新田開発、水利事業などを推進するとともに、〝役人減らし〟などの機構改革を断行した。

そして財政対策として行ったのが、〝新法〟による改革であった。内容は、藩財政を立て直すために、百姓から取れるだけ取るという搾取に徹したものだった。

まず、これまで年貢を納めた後に百姓に残された穀類、タバコ、菜種などは、自由に販売し、農家の所得としていたが、これを藩営の御物会所《おものかいしょ》が安値で一括購入し、市場に売りさばくというものであった。また菜種油、木材、木炭、薪など生活必需品は、同じく藩営の製産会所《せいさんかいしょ》で一括買い上げをし、専売制で取り扱った。塩についても自由販売だったものが、藩直営の指定商人が一括扱いする専売品《せんばいひん》となった。

こうした専売制は、藩が、物品流通の利益を独占するもので、藩財政は潤ったものの、百姓については、結果的に高い買い物をさせられ、それでなくても災害で痛手をこうむっている経済をいよいよ苦しませる結果となった。

さらに横山の搾取は徹底していた。夜なべ仕事に、一カ月につき男は銭三分、女は銭二分を上納させる新法を制定した。また新規の井手普請★への出夫、草藁《くさわら》運上★、助合米制の強化など、百姓の経済、生活を圧迫した。まさに〝新法〟は、圧政に他ならなかったのである。

▼井手普請
井路の補修管理。

▼運上
運送上納の略。

続々と勃発した〝文化大一揆〟

文化八年（一八一一）十一月十八日夜、四原《よはる》と呼ばれる台地の村、柏原《かしわばる》・葎原《むぐらばる》、恵良原《えらばる》・菅生原《すごうばる》（現在の柏原・荻・菅生地区）の百姓が、ほら貝、鐘、太鼓を打ち鳴らして、竹やりや山刀を手に、竹田の西方、玉来《たまらい》の町の吉田峠、鑰畑《かぎばたけ》に二〇〇〇人が蜂起した。〃四原一揆〃の勃発である。四原から一揆が起こったのは、地域が大豆、タバコ、菜種の産地で、〃新法〃で設置された専売制度の影響を最も受けたからだといわれている。

藩は代官、大庄屋、僧侶を派遣するなど懐柔策をとったが、一揆はこれを聞き入れず、玉来の町に突入し、商家を襲い、町は逃げ惑う老若男女で大混乱に陥った。一揆には、直入郡に属する西組からも参加し、竹田町に近い山手河原に集結し、あらかじめ一揆参加を示し合わせていた藩の北部四ツ口《よっくち》勢と合流し、総勢四〇〇〇人に膨れ上がった。

これに対して藩は、郡奉行・長尾助五郎《ながおすけごろう》と武装足軽三〇人を派遣し、一揆の要求を聞いた。

一揆は、①御物会所、製産会所、塩問屋の廃止、②横山派家老の一人と惣奉行の横山甚助、製産方取締《せいさんがたとりしまり》の志賀小太郎、代官の朝倉平野進《あさくらへいのしん》、御物買入方惣受込役の明石屋惣助《あかしやそうすけ》、以上五人を百姓方に引き渡せ、③新開畑の増加年貢の停止、④御蔵米《おくらまい》の検査方法を、従前の程度に緩めよ、⑤仕立て夜なべへの課税の中止、⑥草地、茅野への課税の中止、などを要望した。

すなわち、横山の〃新法〃を廃止せよというのである。

奉行が、横山ら五人の措置について聞くと、「横山を百姓に仕立て、水煮の芋《いも》雑炊《ぞうすい》を食わせ、農作業にこき使い、強制されている仕立て夜なべをさせて、百姓の苦労を体験させる」と答えたという。いかに甚助の新法が、百姓を苦しめていたかがうかがわれる。

助五郎は、この要求を家老らに報告。協議の結果、「五十日を期限として、解決を約束する」との返事を与えると、一揆は、十九日に沈静化し、集まりを解くに至った。

四原一揆は一応の収束を見たが、文化八年十二月四日、今度は、大野・大分郡に属する東組、特に三本松《さんぼんまつ》から犬飼町《いぬかいまち》に至る井田筋《いだすじ》と呼ばれる一八カ組六〇〇〇人余りが、一揆を起こしたのである。動機は、四原一揆の百姓に、一揆に参加しなかった他の地域の百姓たちが「四原百姓のおかげで、他地方の百姓も助かるではないか。腰抜け連中め」と、誹謗されたからだという。

一揆は、まず犬飼町に乱入し、犬飼役所、米蔵、商家、会所、塩問屋などを打ち壊し、気勢を上げた。〝井田筋一揆〟である。一揆の要求は、〝四原一揆〟の要求と基本的には同じであったが、さらに税制や行政組織の改革など多岐にわたって踏み込んだ内容となっていた。

そして同年十二月五日から七日にかけて〝井田筋一揆〟に触発された、直入郡の四ツ口、朽網筋《くたみすじ》、門田、篠田にも一揆は広がった。その数は一万人にも達したという。

一連の一揆は、〝文化大一揆〟として岡藩の歴史に刻まれた。

一揆の結末と建言書

さて、一揆勃発の折、十代久貴と一揆の槍玉に上がっていた〝新法〟の発案者横山甚助は、江戸在中であった。一揆には、城代家老中川平左衛門《なかがわへいざえもん》以下の留守番役が対応せねばならなかった。

一揆の要求については、第一に〝新法〟を撤廃する。第二に、従来から定められている法については、改革することはできないが、今後農村、農民が存続するに必要な部分については、家老連中で協議、江戸表と交渉する。第三に、村々に対する助成については、藩財政も困窮しており、即座には対応しかねるが、要望に応えるべく努力する、などと回答した。

これにより、一揆は請書を書き、それぞれの一揆は、解散した。そして、藩は、家老中川中務に隠居を命じ、渦中の横山甚助は免職、入牢。その他の関係者も解任などの処分が下され、藩内に沸騰した一連の〝文化大一揆〟は収束した。

一揆が勃発した文化八年（一八一一）十二月、当時藩校由学館の頭取の地位にあった田能村竹田は、十代久貴に対して一連の〝文化大一揆〟にかかる建言書を提出した。

まず今回の一揆は、藩の歴史始まって以来の大事件である。病気に病根があるように、この一揆にも原因があるはずである。今回の一揆の原因となった〝新法〟が、百姓たちの怒りを買った原因は、役人ら（甚助ほか）の心がけが悪かったこと、百姓に対するおごりがあったことに他ならない。したがって一揆の首謀者を罰してはならない。ここは、藩主をはじめ皆が倹約に努め、苦楽を百姓と共にする覚悟が必要である。藩政においては、何をおいても〝仁愛〟が必要だと述べている。

翌九年二月、再び一揆が起こったが、この時も竹田は、藩主に建言書を提出している。この建言書は、藩校由学館における教育の成果が無用になっている。学問が国を治める第一の道具ということを忘れてはならない。今度の一揆も学問を軽んじ、義を失い、ただ利益ばかりを追った結果である。由学館には、優秀な人材がいる。この重大事に登用しないのはおかしい。聖道第一に考え用いてほしい、といった内容だった。

二度にわたる建言書に、藩からは反応も返答もなかった。藩に無視された形となった竹田は、文化十年五月、目の病気を理由に隠居し、浮世を離れて絵画の世界へと没頭していった。

そして文化十二年、久貴は、二十九歳で隠居する。そして文政七年（一八二四）

十月二十日逝去。享年三十八歳だった。

幕藩体制のほころび

これまで岡藩における災害について述べてきたが、全国的に見ても〝江戸時代は災害の時代〟といっていいほどに災害に見舞われた時代である。その代表的なものを列挙する。（）内は、西暦と当時の藩主。

明暦三年（一六五七・三代久清）、江戸は、焼死者一〇万人を超す〝明暦の大火〟に見舞われる。

享保十七年（一七三二・六代久忠）、〝享保の飢饉〟。

明和八年（一七七一・八代久貞）、〝明和の大火〟。

天明三年（一七八三・八代久貞）、〝浅間山の大爆発〟。

そして一八〇〇年代に入ると、天保四年〜七年（一八三三〜三六・十一代久教）、〝天保の飢饉〟が勃発、多くの餓死者を出した。

これら災害と被災窮民に対する幕府の無策ぶりを批判した陽明学者で元大坂奉行所の与力だった大塩平八郎が、農民たちと天保八年（一八三七）、武装蜂起した。この〝大塩の乱〟は半日で鎮圧されたが、これを契機として、各地で一揆が多発、幕府の権威は失墜し、大きな社会不安を招いた。幕府は、老中水野忠邦を用いて〝天保の改革〟（一八四一〜四三）を行うが、諸層の不満に油を注ぐ結果となり、改革は失敗、幕府の権力はむしろ衰退する結果となった。

隠居した十代久貴に代わって、文化十二年（一八一五）九月、十一代藩主に迎えられたのが、久教《ひさより》である。久貴には息子がいたが、いずれも侍女が産んだ子で、正室満の強い要望により、娘育に婿養子を迎えて世継ぎとすることとなった。その婿養子に迎えられたのが、久教である。久教は、彦根藩主の井伊直中の三男で、幕府の実権を握り尊王攘夷運動を弾圧した〝安政《あんせい》の大獄《たいごく》〟の当事者、井伊直弼《いいなおすけ》の弟に当たる人物である。

久教は、出身が譜代の名門であるとともに兄は幕府の重鎮であることから、幕府の命令には従順で、文政元年（一八一八）には、三河国の矢作橋《やはぎばし》普請手伝いに八万九〇〇〇両余り、天保六年（一八三五）には、加茂《かも》の寺社の修復に九九〇〇両余りを支出するなど、苦しい藩財政を顧みず、多くの資金を幕府につぎ込んだ。

藩内においては、文化十三年（一八一六）には風雨、文政六年（一八二三）には干ばつ、同八年の長雨、暴風雨など枚挙に遑《いとま》がないほどの災害に見舞われた。

人災ともいうべき幕府への異常な献金、藩内では壊滅的な災害が追い討ちをかけ、藩財政は、のっぴきならない状況に陥った。

久教は、文政七年六月に〝倹約令〟を発するが、他の手立てもなく、天保十一年九月二十八日逝去。享年四十一歳だった。

3 十二代藩主久昭の下での幕末・維新

幕藩体制の矛盾、海外からの圧迫など、時代は幕末の様相を深めてきた。
そうした状況下、「天皇を尊崇し、夷狄を排斥する」とする〝尊王攘夷〟の思想が台頭してきた。
岡藩においても知識人の間に〝尊王攘夷〟の思想を抱く者が現れた。

志士小河一敏の動向

十一代久教には子どもがなく、伊勢の津《つ》藩主《はんしゅ》藤堂《とうどう》高兌《たかさわ》の二男が、急養子に仕立てられ、天保十一年（一八四〇）十二月、十二代久昭《ひさあき》となった。岡藩最後の藩主である。

久教の逝去に伴い、藩政は、大きく二分される。ひとつは、これまで通り幕府に忠誠を尽くすという派。これには無理からぬ面もある。岡藩は外様大名であるにもかかわらず、前述したように十代久貴は柳沢家、十一代久教は井伊家、つまり譜代名門から養子を迎えている。自ずと幕府寄りの考えをもつ派・佐幕《さばく》派《は》が存在してもおかしくない。

一方は、十二代久昭は外様大名の伊勢津の藤堂《とうどう》家《け》からの養子であることから、先代ほど幕府に入れ込む必要はないという派である。やがてこの派は、多難な国外・国内事情下、芽生えてくる尊王攘夷へと傾倒し、いわゆる尊王攘夷派となっていく。つまり幕末の藩政は、前者の佐幕派と後者の尊王攘夷派の二派に大きく分裂していった。

岡藩の尊王攘夷は、学問の中枢を担った藩校由学館の角田九華が教授の時代に形成され、いわゆる勤王の志士が輩出する。その代表格が、小河一敏《おごうかずとし》である。一敏は、文化十年（一八一三）、竹田の上角《うえつの》に生まれた。幼くして角田九華に師事し朱子学と陽明学を学び、武道、詩歌、茶道、華道にも通じ、文武両道に優れた人物であった。

天保七年、二十四歳の若さで藩の財政や出納業務を扱う会計元締役《もとじめやく》という重責に抜擢された。一敏をはじめとする田近儀左衛門《たぢかぎざえもん》、柳井藻次郎《やないそうじろう》ら七人は、久教亡き後の幕府寄りの藩政を尊王攘夷に改めようと画策する。

しかし天保十二年、藩主になった久昭は、尊王攘夷派が藩政を牛耳ろうとする風潮に危惧を抱き、一敏をはじめ尊王派の幹部を排斥した。のちに〝七人衆の変〟と称される事件である。

公職を退いた一敏は尊王攘夷に対する思いを強め、藩内外の志士らと連絡を取り合い、水面下での活動を活発化させていった。

時代は、嘉永六年（一八五三）の〝ペリー来航〟、安政元年（一八五四）の〝日米和親条約締結〃により、国内の尊王攘夷運動は激しさを増してくる。

同五年、幕府大老の井伊直弼が尊王攘夷派を弾圧する〃安政の大獄〃が勃発。これに激昂した水戸藩士らが、万延元年（一八六〇）、〃桜田門外の変〃で井伊直弼を暗殺……、と時代が激動する中で、やがて尊王攘夷の思想は、討幕へと流れを変えていく。

小河一敏の尊王攘夷への傾倒と活動は、いよいよ活発になっていく。その流れを決定的にしたのが、尊王派の指導者の田中河内介《たなかかわちのすけ》の九州巡歴である。

河内介は、薩摩藩を中心として九州外様大名の連合体をつくり、討幕運動を推進すると説いて廻った。この考えに同調した一敏は、九州内の同志と連絡を取り合うとともに、文久二年（一八六二）二月、「天朝こそ万人の真実の主君とすべき、勤王に尽くすことは、『天地不可変の大義』。今挙兵せんとする薩摩につかなければ、岡藩の未来はない」とする尊王攘夷の考えと、岡藩が取るべき方針について、江戸にいる久昭に建言書を提出した。

そして薩摩藩急進派と接触し、「京都伏見で兵を挙げ、京都所司代酒井忠義《さかいただよし》を倒し、関白九条《くじょう》尚忠《なおただ》を斬る。その後島津久光を擁して義旗をひるがえす。江戸では、老中安藤対馬守《あんどうつしまのかみ》信正を葬り、東西相前後して王政復古《おうせいふっこ》を実現する」という約束

小河一敏

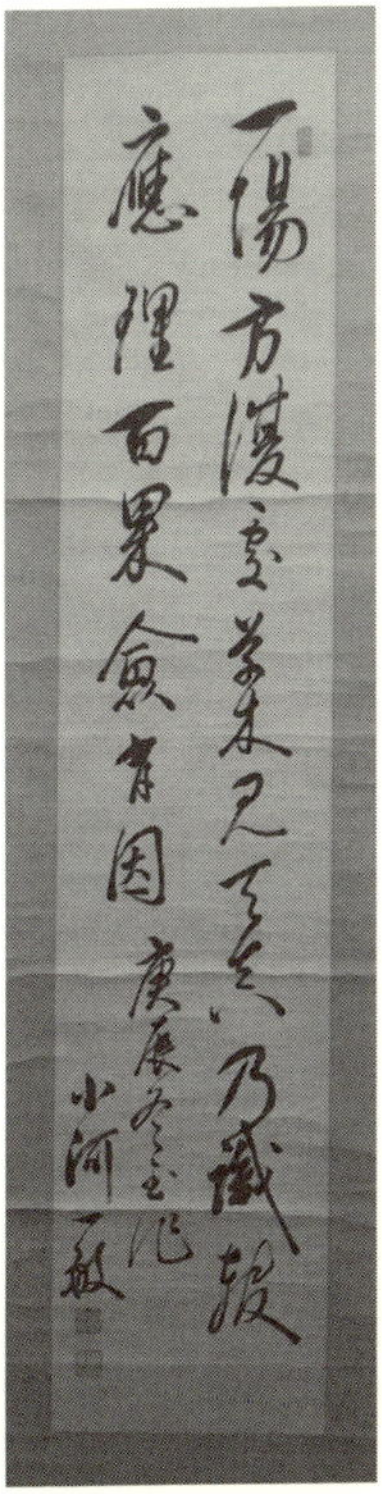

小河一敏の書
（竹田市立歴史資料館蔵）

を取り付け、上洛を決意した。

同年三月、藩の重臣に上洛の賛同を得るために帰郷したが、家臣の意見は二分された。その結果、「成功すれば岡藩士として振る舞い、失敗した場合は浪人として振る舞う」ということで理解を得て、同志一六人と上洛したのである。

一敏らは、三月二十七日、下関経由で大坂に着き、薩摩藩大坂屋敷に入り、薩摩藩主久光の到着を待った。

岡の尊王攘夷家たち

文久二年（一八六二）四月十日、いよいよ尊王攘夷の急先鋒、薩摩藩の藩主島津久光が、一〇〇〇人余りの兵を率いて、大坂に到着した。

ところが、久光の上洛は、討幕ではなく、従来の幕藩体制を修正し、朝廷と幕府を一体化させようという〝公武合体《こうぶがったい》〟が目的だった。そのため大坂に入った久光は、討幕を目指す急進派の西郷隆盛らの行動に危惧を抱き、隆盛らを禁足した。

そして京都所司代などを襲って挙兵し、久光に幕府誅伐の詔《みことのり》を賜り、一挙に討幕に進むという過激な計画を掲げ、京都伏見の寺田屋に集結していた急進派薩摩藩士と諸藩浪士たちを急襲したのである。いわゆる〝寺田屋騒動〟である。

一敏ら岡藩士たちは、寺田屋に向かう途中で騒動の難を逃れた。一連の活動の首謀者であった田中河内介らは処罰されたが、一敏ら岡藩士は、騒動に直接かかわらなかったため処罰を逃れた。

処罰を逃れた一敏であったが、尊王攘夷の志はひるむことなく、薩摩藩大坂屋敷に残り、久光に朝廷へのとりなしを頼み、六カ条からなる〝建白書〟を岩倉具視《いわくらともみ》を通じて朝廷に提出した。

しかしこれら一敏の一連の行動に、江戸から岡藩に帰った久昭は、理解を示さず、一敏らに帰国を命じ、それぞれに隠居や謹慎を命じ、一敏は幽閉された。結果、岡藩勤王派は、討幕運動に参加することはなかった。

これまで小河一敏を中心に、岡藩における尊王攘夷の思想と活動を見てきたが、ここで改めて幕末の尊王攘夷の活動家の名前を列挙しておこう。

中山栖山《なかやませいざん》◇藩主の一族で、三千石の家柄に生まれ、家老を務める。陽明学を学び、知行合一《ちこうごういつ》の理論に傾倒する。小河一敏と尊王論で一致し、良き理解者として陰から支えた。

柳井藻次郎◇惣奉行の立場で、一敏を会計元締役に抜擢し、岡藩の尊王攘夷を推し進める。〝七人衆の変〟で排斥された。

田近儀左衛門◇城代年寄り役で、中山栖山と共に藩重役を務めた。勤王の志士の主張や活動を支援する一方で、藩論の行方にも心を砕き、近隣諸藩との連携や情報交換も盛んに行った。

矢野勘三郎《やのかんざぶろう》◇日出《ひじ》藩藤井権蔵の子で、玉来の豪商矢野家の養子に入った。一敏らの活動に理解を示し、経済面から支えた。

佐藤唯平《さとうただへい》◇藩内で武家宿を営む。一敏が蟄居を命じられていた時、来訪の藩外志士との面会を援助した。

④ 岡藩の消滅と新時代の到来

幕府と薩摩・長州を軸とする討幕派の争いは、諸外国を巻き込んで、激しさを増した。両者の決戦ともいえる〝鳥羽・伏見の戦い〟で勝利した討幕派は、明治新政府を樹立する。新政府が発した〝廃藩置県〟により十二代続いた岡・中川は終焉を迎えた。

日和見にならざるを得なかった岡藩

尊王攘夷運動は、討幕運動へと姿を変え、幕末の日本は混乱状況に陥り、新時代への胎動ともいうべき事態が、次々と起こった。

文久三年（一八六三）、〝長州藩外国船砲撃事件〟〝薩英戦争〟〝八月十八日の政変〟が勃発。

元治元年（一八六四）、〝池田屋事件〟、〝蛤《はまぐり》御門《ごもん》の変〟に続いて〝第一次長州征伐〟が勃発。

慶応二年（一八六六）には、〝薩長同盟成立〟〝第二次長州征伐〟。そして、徳川幕府最後の将軍慶喜《よしのぶ》が就任するという激しさである。

こうした状況下、幕府側に付くべきか、それとも朝廷側に付くべきか、岡藩の意見は二分された。こうした迷いは岡藩だけでなく、小藩は日和見にならざるを得ないのが実情であった。しかし、幕府の力が落ちたとはいえ、岡藩が幕藩体制下にあることは否めず、幕府からの出兵要請に応じざるを得なかった。久昭が、律儀に両派の派兵に応じた様子を年度ごとに見てみよう。

文久三年四月、幕府が攘夷を決定し、朝廷に上奏すると、朝廷から岡藩に摂津《せっつ》湊川《みなとがわ》海岸の警備を命じられ、熊田藤助以下二四人の藩士を派遣。

同年八月、〝公武合体〟による追放事件などで不穏となった京都市中の治安維持のため、幕命により二二〇人が上洛。

元治元年、長州藩が起こした京都での〝蛤御門の変〟への制裁として、幕府は〝長州征伐〟を決定し、岡藩に出兵要請があり、藩士四三八人が、豊前小倉付近に出陣。

しかし、慶応四年一月、〝鳥羽・伏見の戦い〟で朝廷側が勝利すると、久昭は、朝廷側、新政府方に付くことを明確にし、〝鳥羽・伏見の戦い〟以降の〝上野彰義隊の戦い〟、長岡藩、会津藩との戦争など、一連の〝戊辰戦争《ぼしんせんそう》〟には、藩士七〇人を朝廷側に派遣した。

以降、岡藩は、朝廷・新政府側で藩政は進められた。

終焉を迎えた岡・中川との惜別

時代は、さらに速度を速める。

慶応三年（一八六七）十月、十五代将軍慶喜が朝廷に政権を返上する〝大政奉《たいせいほう》還《かん》〟、十二月には、〝王政復古の大宣言〟がなされ、明治新政府が誕生した。新時代明治に入ると、明治二年（一八六九）、薩長土肥《さっちょうどひ》四藩が〝版籍奉還《はんせきほうかん》〟を行い、全国の大名がこれに同調し、同年三月に久昭も岡藩返還を申し出た。実質上の徳川幕府の滅亡である。そして十二代続いた中川氏の岡藩も、ここに終焉を迎えたのである。

明治四年七月、これまでの藩が廃止され、三府三〇二県が置かれる〝廃藩置県〟が実施され、その後、三府七二県に統合された。

旧豊後国は、岡、佐伯、臼杵、府内、日出、杵築、森、中津の八県。旧藩時代の飛び地、預かり地は、熊本県、延岡県、厳原県《いずはらけん》と名づけられ、合計一一県が成立した。

これに伴い岡藩は、岡県となり、十二代久昭の長男久成《ひさなり》が知事に任命された。岡県知事となった久成は、新政府への従順を示すために岡城を取り壊し、一旦は、家老中川平右衛門宅に転居したが、岡城内に県庁と知事宅を設けてそこに居住した。久成は、旧来の藩政を改革し、職制などを新政府の要請により改めた。

しかし、新政府は、間もなく久成を県知事の職から解き、同年九月中の東京移住を命じた。新政府に誠を尽くし、岡県と名前は変わったが、岡・中川の延命を考えたであろう久成の心中はいかがなものであっただろう。久成は、次のような〝沙汰書《さたしょ》〟を交付し、同年八月十五日、上京の途についた。

「この度、朝廷から改革を仰せ出され、県知事を免じられることになった。明十五日（明治四年八月）出発し帰京するが、代々（岡藩主を）世襲して来た者として言葉に尽くしがたい惜別の思いがある。（中略）遠からず県治に定まった規則も出されることであろうから、これまで通り布告されることを良く守り、心得違いのないようにして欲しい。役人の命令に背くことは、朝廷に背くことであり、銘々にそれぞれの生業を勧め、出精してほしい」

文禄三年（一五九四）、初代藩主秀成が岡に入封して以来支配してきた中川氏の名が、岡の地から消えることとなった。久成の惜別の念が伝わってくる。

これも岡

見事な人間・広瀬武夫

明治三十七年（一九〇四）から三十八年の日露戦争に出征し、旅順港閉塞作戦で戦死した広瀬武夫は慶応四年（一八六八／九月に明治と改元）五月二十七日、竹田町茶屋之辻で生まれた。七つ違いの兄勝比古がいて二男である。

広瀬家は南北朝時代から勤皇で知られた肥後の菊池氏の流れをくむといい、岡藩士であった父の友之允《じょう》重武は幕末に京に上り勤皇運動に挺身している。帰藩後、罪に問われ牢に入れられた。

維新後、その父は裁判官になり日本各地を転々とした。広瀬は飛騨高山の小学校を出ている。

兄は子どもの頃から神童と噂される秀才であったが、広瀬はそれほどでもなかった。幼い頃は泣き虫であったらしいが、長ずるにつれ暴れん坊となり、竹田にいた頃は兄たちと川でよく遊んでいて、河童小僧と呼ばれていた。

やがて兄は海軍兵学校に進み、広瀬もそれを追って兵学校に進んだ。

卒業後、軍務のかたわら一人でロシア研究に励んでいたが、明治三十年、ついにロシア留学を命じられた。その直前には、兄もイギリスに派遣されている。

広瀬とロシア貴族令嬢との恋は、よく知られている。

兵学校在学中、広瀬は講道館柔道に熱中していた。相当な猛者《もさ》であったらしい。彼は武骨な男ではあったが快濶で、その反面もの静かで文学の教養深い心優しい男でもあった。多くの蔵書と文藻あふれる書簡を残している。

幼い頃、母を亡くして祖母に育てられたため、その祖母を語る時はいつも涙する広瀬であったという。

後年、軍神にまつり上げられ、人格高潔で恩情にあふれる面だけが取り上げられたが、その実像はあくまでも竹田の風土に育まれた、精彩に富んだ好漢であった。

広瀬の一生は江戸時代に陶冶された武士道と明治勃興期の、坂の上の雲を目指して歩む高揚した志とが結合した、時代が生んだ見事な人間の姿であった。

竹田市立歴史資料館の広場に建立された銅像

エピローグ

大分県の誕生

明治四年（一八七一）十一月、明治新政府は〝廃藩置県〟に続き、〝府県制〟を推し進め、これまでの一一県を統合して、大分県を誕生させた。

新しい大分県は、『県治概略』によれば八郡一七町一八〇一村で構成され、総戸数一一万九八〇〇戸、人口五六万二一五六人であった。ちなみに統合直前の岡県の総戸数は、一万七六七九戸、人口七万七五八一人だった。

そして、大分県誕生とともに、岡山大参事だった森下景端《かげなお》が初代大分県知事として就任した。

さらに同じく十一月に制定された〝戸籍法〟に基づき、それまでの県内八郡を八大区とし、その下に一六〇の小区を置いた。そして小区は旧体制下の村で構成された。これにより、旧体制下の庄屋をはじめとする村役人は廃止され、大区には区長、権区長が、小区には戸長、副戸長などが、村には、保長が置かれた。こうして、新政府は、着々と中央集権体制を整えていったのである。

二百七十年、十二代にわたって展開された中川氏岡藩の物語は閉じる。物語の中心だった岡城は、役割を終えて見る影もなく取り壊され、残された石垣だけが、かつての栄華を偲ぶかのように静かに佇んでいた。

春高楼の花の宴　巡る盃影さして
千代の松が枝《え》分け出《い》でし　昔の光今いづこ

秋陣営の霜の色　鳴きゆく雁の数見せて
植うる剣に照り沿ひし　昔の光今いづこ

今荒城の夜半《よは》の月　変はらぬ光誰がためぞ
垣に残るはただ葛《かずら》　松に歌ふはただ嵐

天上影は変はらねど　栄枯は移る世の姿
映さんとてか今も尚　ああ荒城の夜半の月

「荒城の月」作詞・土井晩翠　作曲・瀧廉太郎

あとがき

〝岡藩〟について書いてほしい、という依頼に、気軽に返答してしまった自分自身に今でも後悔している。私が岡藩と中川氏について知っていることといえば、入山公と呼ばれる殿様（三代中川久清）が、わが町の長湯温泉で湯治をしたということ、そして桜の名所岡城で友と一献酌み交わしたことぐらいなのである。

そこで、知識真っ白の状態で、公共機関が発行した文献や資料、郷土歴史家たちによる研究書、知識人たちによる執筆、インターネット情報などから岡藩に関係する情報をピックアップし、それをつなぎ合わせて、私用の〝岡藩教科書〟を編集することから作業を始めることにした。

〝岡・中川の祖〟と呼ばれる中川清秀が戦国乱世を駆け抜けた武勇伝は、まさに心躍る光景が浮かんでくる。三木城（播磨）を後に、新天地の岡に入封する初代秀成率いる四〇〇〇人もの大移動は、まさに歴史のロマンである。そして理想郷づくりともいうべき岡城とその城下町づくり。今でも残る石積みの見事さからは、秀成の理想郷づくりへの意気込みが伝わってくる。

そして十二代、二百七十年にわたる中川氏の岡藩支配の歴史は、災害、飢饉、改革、そして世継ぎ不在など苦難の連続であった。それを乗り切ったのは、藩主と藩主を支えた家臣団の叡智、粘り強い民衆の力であった。そうした人材を生み出した背景には、「学問と申し候は、国家を治むる第一の道具」とする、田能村竹田をはじめとする教育、文化風土があった。

当初は意気込んで、物語の登場人物に人格を与え、事件には解釈を与えようと試みたが、浅学の私には無理だと気づいた。そこで私情を交えず史実のみを羅列するに留めた。しかしその史実の羅列から読者の方々の心に登場人物の人格の香り、諸事に漂う空気、時代の危機感などが、自ずと湧き上がってくるものと期待する。

竹田市民の間には、「岡城を世界遺産に」という声が上がっていると聞く。岡城のスケール、質の高さ、歴史的背景、そして城下町に漂う伝統と文化。素人目に見ても、岡城は世界遺産の要件を十分に備えていると感じる。後は市民たちの岡城に対する理解と愛情にかかっているといっていいだろう。本書が岡城を理解いただく一助となれば幸いである。

最後に、資料提供、ご指導をいただいた竹田市教育委員会、竹田市立歴史資料館ほか各施設の関係者の方々に、心より敬意と感謝を捧げます。

本書筆者・村上貞徳は本書執筆最終段階で多臓器不全を患い、二〇一一年二月八日永眠いたしました。入院中も本書の完成を最後まで気にかけておりましたが、果たせないことでした。引き続き資料を整理し、一冊の本に仕上げていただきました現代書館社長菊地泰博さん、原稿をまとめていただいた編集の二又和仁さん、編集協力の黒澤務さんに、筆者に代わり御礼申し上げます。（二〇一一年三月　村上貞徳妻村上安子）

参考文献

『竹田市誌　第1巻～第3巻』（竹田市）
『竹田市史　中巻』（竹田市史刊行会）
『大分県史　近世篇Ⅰ』（大分県）
『大分県の文化財』（大分県教育委員会）
狭間　久『二豊小藩物語　上巻』（大分合同新聞社）
『みどころ竹田の文化財（第2版）』（竹田の歴史と文化を考える会）
朝尾直弘（ほか）『三宅山御鹿狩絵巻』（京都大学学術出版会）
『イラストでわかる　図解戦国史』（成美堂出版）
『岡城跡と城下町竹田　歴史の道』（大分県竹田市）
『天下取り採点　戦国武将２０５人』（新人物往来社）
『廣瀬武夫曆』（廣瀬武夫曆編集委員会）
『竹田の寺』（岡の里事業実行委員会）
北村清士『岡城物語（再版）』（自家版）
鈴木　旭『面白いほどよくわかる　戦国史』（日本文芸社）
大塚　主『前岡城物語』（大分合同新聞文化センター）
『山川詳説日本史図録（第3版）』（山川出版社）
『収蔵品図録』（竹田市立歴史資料館）
吉田家文書『村々産物之覚』（竹田市教育委員会）

協力者

大分県立先哲史料館
竹田市
竹田市教育委員会文化財課
竹田市立歴史資料館
竹田市商工観光課
竹内康訓（写真家）
早川　和
武石憲太郎

村上貞徳（むらかみ・さだのり）
昭和二十六年（一九五一）七月二十五日～平成二十三年二月八日。享年五十九歳。大分県竹田市生まれ。竹田市役所（旧直入町役場）、大分合同新聞雑誌編集部（記者）勤務を経てフリーライター。平成九年（一九九七）より真宗大谷派・英月山高林寺住職。
『月刊セーノ』（大分インフォメーションハウス発行）で「独りで歩く山頭火」に続き「独りで歩く文人の風景」を連載。
著書『大分の山頭火「憧憬」』。

シリーズ藩物語 岡藩

二〇一一年三月二十八日 第一版第一刷発行

著者――――村上貞徳
発行者―――菊地泰博
発行所―――株式会社 現代書館
東京都千代田区飯田橋三―二―五 郵便番号 102―0072 http://www.gendaishokan.co.jp/
電話 03―3221―1321 FAX 03―3262―5906 振替 00120―3―83725
組版――――デザイン・編集室 エディット
装丁――――中山銀士＋杉山健慈
印刷――――平河工業社（本文）東光印刷所（カバー・表紙・扉・見返し・帯）
製本――――越後堂製本
編集――――二又和仁
編集協力――黒澤 務
校正協力――岩田純子

 ISBN978-4-7684-7125-8

江戸末期の各藩

松前、八戸、七戸、黒石、**弘前**、**盛岡**、**一関**、秋田、亀田、本荘、秋田新田、仙台、松山、**新庄**、**庄内**、天童、長瀞、**山形**、上山、**米沢**、米沢新田、相馬、福島、**二本松**、三春、**会津**、守山、棚倉、平、湯長谷、泉、**村上**、黒川、三日市、**新発田**、村松、三根山、与板、**長岡**、椎谷、**高田**、糸魚川、松岡、笠間、宍戸、水戸、下館、結城、**古河**、下妻、府中、土浦、麻生、谷田部、牛久、大田原、黒羽、烏山、喜連川、宇都宮・高徳、壬生、吹上、**足利**、佐野、関宿、高岡、佐倉、小見川、多古、一宮、生実、鶴牧、久留里、大多喜、請西、飯野、佐貫、勝山、館山、岩槻、忍、岡部、川越、沼田、前橋、伊勢崎、館林、高崎、吉井、小幡、安中、七日市、飯山、須坂、松代、上田、**小諸**、岩村田、田野口、**松本**、諏訪、**高遠**、飯田、金沢、荻野山中、小田原、沼津、小島、田中、掛川、相良、横須賀、浜松、富山、加賀、大聖寺、郡上、高富、苗木、岩村、加納、大垣、高須、今尾、犬山、挙母、岡崎、西大平、西尾、吉田、田原、大垣新田、尾張、刈谷、西端、長島、**桑名**、神戸、菰野、亀山、津、久居、鳥羽、宮川、彦根、大溝、山上、西大路、三上、膳所、水口、丸岡、勝山、大野、**福井**、鯖江、敦賀、小浜、淀、新宮、田辺、紀州、峯山、宮津、田辺、綾部、山家、園部、亀山、福知山、柳生、柳本、芝村、郡山、小泉、櫛羅、高取、高槻、麻田、丹南、狭山、岸和田、伯太、豊岡、出石、柏原、篠山、尼崎、三田、三草、明石、小野、姫路、林田、安志、龍野、山崎、三日月、赤穂、鳥取、若桜、鹿野、津山、勝山、新見、岡山、庭瀬、足守、岡田、岡山新田、浅尾、松山、鴨方、福山、広島、広島新田、高松、丸亀、多度津、西条、小松、今治、松山、新谷、大洲、吉田、宇和島、徳島、**土佐**、土佐新田、松江、広瀬、母里、浜田、津和野、岩国、徳山、長州、長府、清末、小倉、小倉新田、福岡、秋月、**久留米**、柳河、三池、蓮池、唐津、**佐賀**、小城、鹿島、大村、島原、平戸、平戸新田、中津、杵築、日出、府内、臼杵、**佐伯**、森、**岡**、熊本、熊本新田、宇土、人吉、延岡、高鍋、佐土原、飫肥、薩摩、対馬、五島（各藩名は版籍奉還時を基準とし、藩主家名ではなく、地名で統一した）

★太字は既刊